다른 것이 아름답다

이어령, 신영복, 김영호 외

지식산업사

다른 것이 아름답다

초판 1쇄 인쇄 2008. 6. 9
초판 1쇄 발행 2008. 6. 13

지은이   이어령, 신영복, 김영호 외
펴낸이   김경희
펴낸곳   ㈜지식산업사
          본사 • 경기도 파주시 교하읍 문발리 520-12
               전화 (031)955-4226~7 팩스 (031)955-4228
          서울사무소 • 서울시 종로구 통의동 35-18
               전화 (02)734-1978   팩스 (02)720-7900
          한글문패   지식산업사
          영문문패   www.jisik.co.kr
          전자우편   jsp@jisik.co.kr
          등록번호   1-363
          등록날짜   1969. 5. 8.

책값은 뒤표지에 있습니다

ISBN 978-89-423-9005-2 (03040)

이 책을 읽고 지은이에게 문의하고자 하는 이는
지식산업사 전자우편으로 연락 바랍니다.

다른 것이 아름답다

2007년도 한 해 동안 펼쳐졌던 유일한 강좌의 내용을 한데 모아 이번에 '유일한 강좌' 제2집을 펴내게 되었다. 제1집이 희생, 기부, 헌신, 나눔의 정신을 강조하여 《다 주면 다 얻는다》라는 제목을 붙였지만, 제2집은 차별화, 개성, 창조의 정신을 강조하여 《다른 것이 아름답다》는 제목을 붙인다. 차별화 내지 창조가 오늘날 경쟁력의 중요 트렌드로 주목받고 있지만 지난 1년 동안 여러 강좌 내용을 꿰뚫는 공통 개념이기도 하고 아울러 '유일한 정신'의 핵심적 부분이기도 하다.

차별화가 성공적으로 잘 진행되면 그것은 '유일한(only one)' 것이 되고, 유일한 선생의 이름의 발음만 바꾸면 '유일한 것'이 되기 때문에, 우리는 두 가지의 뜻을 담아서 이 말을 즐겨 사용하기도 한다. 그는 남다른 길을 걸어갔던 사람이다. 어린 나이에 선교사를 따라 미국에 갔던 것도 당시로서는 남다른 것이었고, 젊은 나이에 남다른 사업방식으로 백만장자가 되었던 것도 그러하며, 그 모든 것을 버리고 당시 비참한 조국으로 돌아와 사업을 전개했던 것도 그러하고, 경영과 소유를 분리하는 경영방식은 당시로서는 참으로 남달랐으며, 종업원 지주제도 그러하였다. 기업을 하면서도 독립운동에 뛰어들어 일본 공격 훈련을 받았던 것도 그러하고, 전 재산을 사회에 환원한 것도 그러했다. 그는 이름 그대로 자신의 '유일한 길'을 걸어갔다. 그리고 주위에, 후진들에게 제각기의 다른 자신의 '유일한 길'을 걸어가도록 요구했다. 각자 자기의 개성을 창조적으로 발전시키는 길은 결국 '유일한 길'이 되지 않을 수 없다.

개인도 이제 차별화하지 않으면 경쟁력이 없고, 학교도 차별화하지 않으면 경쟁력이 없으며, 국가 또한 차별화하지 않으면 경쟁력이 없다. 차별화는 경쟁력의 핵심 개념이다. 차별화 비전을 세우고 차별화 전략을 세우지 않으면 안된다. 그것은 자신의 개성을 기반으로 개성적 상상력을 표현하고 다시 개성을 더욱 발전시키는 길이기도 하다. 그래서 우리들은 '다른 것이 아름답다'는 키워드를 내세우게 된 것이다.

나다니엘 호손의 소설 〈큰 바위 얼굴〉을 감명 깊게 읽은 이들이 많을 것이다. 주인공은 큰 바위 얼굴을 닮은 사람이 언젠가는 이 고장에 나타난다고 하는 예언을 믿고, 훌륭한 장군이 그 예언의 얼굴인가 했지만 결국은 아니었고, 훌륭한 정치인이 그 예언의 얼굴인가 했지만 결국은 아니었으며, 엄청난 부자가 그 예언의 얼굴인가 했지만 역시 아니었고, 결국은 위대한 시인이 그 예언의 얼굴이었다고 하는 감동적인 소설이다.

그러나 다시 생각하면 왜 훌륭한 시인만이 예언의 얼굴이었을까 의심하지 않을 수 없게 된다. 훌륭한 모습은 장군의 얼굴에서도, 정치인의 얼굴에서도, 시인의 얼굴에서도, 혹은 주변 농부의 얼굴에서도 얼마든지 각각 다른 모습으로 나타날 터인데 유독 한 사람만이 큰 바위 얼굴일 수만은 없다. 각자는 자신의 개성과 주위 환경 속에서 창조적 길을 가야하고, 그것이 존중되어야 한다. 어느 특정한 길 하나만 내세우고 다른 여러 가지 길은 무시한다면, 그것은 유일사상 혹은 획일주의로 떨어지게 된다. 장군으로서 나름대로 훌륭하고, 정치인으로서 개성적으로 정의롭고, 상인으로서 남다르게 성공하고, 농민으로서 충분히 위대할 수 있다. 각자의 개성 있는 인격이 각각 차별적이고 창조적인 일을 하고, 그 차별화가 차별을 받지 않아야 한다. 다른 것이 아름답게 보이는 사회는 다양성이 살려진다. 아주 다를수록 더 아름답게 보이는 사회는 더욱 다양성 있는 사회이다. 다양성이 잘 발휘되는 사회가 위대한 사회이다. 우리가 어린 시절 그렇게 감명 깊게 읽었던 나다니엘 호손의 〈큰 바위 얼굴〉은 그렇게 수정되어야 하지 않을까.

우리는 한국사를 보면서 중심부에 대한 주변부적 성격이 나타나고 있음을 주목하게 된다. 중국에 있어서 주자학은 양명학이나 도가학이나 법가 사상이나 여러 학문 사조의 하나였던 데 견주어 한국에서는 오로지 주자학 일변도였다. 그러므로 한국의 유학은 유학이 아니라 유교였고, 유교의 내용은 주자학이 아니라 주자교였다. 따라서 객관화할 수 있는 학(science)이 아니라 교조적인 교(doctrine)로써 군림하였다. 그 교에 조금이라도 어긋나면 사문난적(斯文亂賊)으로 다루어졌다. 획일적인 교조주의가 주변성의 특

6

징이 아닐까. 말하자면 '다른 것은 아름답다'가 아니라 '다른 것은 나쁜 것이다'라거나 '다른 것은 용납할 수 없다'는 것이 된다.

우리는 인도의 돌부처를 보면서 피와 살이 있는 산 인간을 닮았다는 인상이 강하였다. 그것이 한국에 와서는 피도 살도 없는 신비적 과장이 많다는 인상을 받았다. 인도의 불상보다 신라, 고려, 조선시대의 불상이 비인간적으로 굳어있는 것 같고 일본의 불상은 한국 불상보다 더욱 신비적으로 과장되고 경직되어 있다는 인상이 강하였다. 한국 불상이나 일본 불상에 견주어 인도 불상은 훨씬 인간적이고 유연하다. 주변부는 중심부에 견주어 훨씬 신비적이고 훨씬 경직적이며 따라서 다른 것은 그만큼 용납되지 못한다. 다른 것의 설 자리가 없는 것이다.

조선시대의 지식인들이 한국의 역사적 인물이나 역사적 사건보다는 중국의 역사적 인물이나 역사적 사건에 더욱 친숙하였고, 그것을 곧장 시문이나 상소문 속에 주변부적 표현하는 경향을 보였던 것은, 오늘날 한국 지식인들이 한국의 전통사상이나 문화적 취향보다는 구미의 사상이나 문화적 취향에 더욱 친숙한 주변부적 경향을 보이는 것과 마찬가지로 주변문화적 성격의 연속 현상이 아닐 수 없다. 주변부의 다음도 주변부라는 지적이 기억되는 장면이다.

또한 조선 후기의 실학자들이 중국과는 다른 조선의 지리적, 경제적, 문화적 개성을 발견하고 그 개성의 차별적 발전에 관심을 기울였던 것은 오늘날 미국화의 대세 속에서 한국의 전통과 지정학적 성격을 중시하고 개성적 발전의 길을 모색하는 폭넓은 작업과 지하수로 연결되는 주변성 극복의 연속적 확대 현상이 아닐 수 없다. 이러한 탈주변적 흐름의 연속적 확대는 어떻게 환성될 것인지 두고 볼 일이나 그 과정은 다양성의 증대 현상을 동반할 것이며 다양성의 증대 현상은 개성 존중 차별화 경쟁의 결과로 오는 것이다. 한국사의 탈주변의 길목에도 '다른 것이 아름답다'는 푯말이 붙어있다.

조선 후기 겸재 정선은 중국의 화풍을 졸업(?)하였고, 연암 박지원은 중국의 문학풍을 졸업(?)하였으며, 추사 김정희는 중국의 서예풍을 졸업(?)하였고, 다산 정약용은 중국의 유학사상을 졸업(?)하였던 것으로 보인다. 이제 중국과 차별화된 한국문화가 전개될 수 있는 상황에서 다시 구미의 근대문화에 압도되었으나, 일본에 대한 차별화, 미국에 대한 차별화를 끈질기게 추구하였다. 우리는 기회가 있을 때마다 일본에 대하여 한국은 '가깝지만 다른 나라'가 되어야 한다고 주장하고, 미국에 대하여 세계화는 '미국화가 아니며 반미가 아니라 탈미(脫美)와 용미(用美)'를 강조하고 '세계화의 세계화'를 주장하였다.

미·일에 대한 차별화가 국내의 획일화의 강화로 떨어져서는 안된다. 국내에 있어서 지역별 다양성, 지역 내의 각 구성요소의 다양성이 존중되어야 한다. 우리가 지역의 균형발전이 아니라 지역의 개성적 발전을 강조했던 것도 그 때문이다. 이러한 다양성이야말로 선진화의 지표이며, 탈(脫)주변성의 내용이다. 그리고 다양성의 확보는 국제적으로나 지역적으로나 차별화 경쟁 혹은 개성화 경쟁의 결과이다. 다른 것이 아름답다는 것이 다양성 확대의 지름길이다. 다른 나라의 다른 문화, 다른 사람의 다른 개성을 아름답게 보는 것은, 다른 것을 존중하고 수용하는 열린 자세이며 또, '나'의 다른 개성이 다른 사람에 의하여 존중됨으로써 다른 것끼리 조화를 이룰 때 결과적으로 다양성이 확보되는 것이다. 공자의 "화이부동(和而不同)" 개념을 현대적으로 확대하면 이런 다양성의 세계 혹은 열린 시스템이 되지 않을까 한다.

세계화가 급속히 진전되고 있는 오늘날, 기업도 경영도 급속히 차별화 전략을 추진하고 있다. 소비자들이 유행상품의 염가구매에만 관심을 가질 때는 소품종 대량생산 형태로 대응하였지만, 소비자들이 소비의 개성화를 지향함에 따라 다품종 소량생산으로 변모하지 않을 수 없게 되었다. 오늘날 소비자들은 더 차별화된 소비, 더욱 개성적인 소비를 지향함에 따라 다품종 소량생산은 다시 개성품종 단품생산 형태로 계속 변화하고 있다.

소비자들이 남과 다른 차별적 소비를 할수록 생산자들은 더욱 다른 제품과 다른 차별화 제품을 내어놓아야 경쟁력이 있게 된다. 온리원(only one) 제품을 제공해야 한다. 그야말로 세계화되고 있는 시장은 '다른 것이 아름답다'는 원리가 작동하는 시장이다. 유한대학에서 유한킴벌리와 함께 DTP(Digital Textile Printing) 기술을 중시하고 '유한디자인훈련센터'를 운영하는 것도 단품종 개성생산에 합당한 것으로 보기 때문이다. 주부가 가족에게 DTP기술을 이용하여 단 하나뿐인 자신의 작품으로 넥타이나 가방 혹은 옷의 디자인을 높지 않은 비용으로 만들어 선물할 수 있는 것이다.

대학도 차별화하지 않으면 안된다. 출생률이 낮아짐으로 말미암아 입학생은 점점 줄어들고, 그나마 해외 유학생으로 나가는 학생 수는 점점 늘어나고, 일반 대학 이외 사이버대학이나 학점

은행, 그리고 기업체의 사내 대학 등이 점점 많아진다. 4년제 정규대학도 점차 산학협력 중심의 실무 대학으로 바뀌어감에 따라 전문대학과의 경쟁이 치열하다. 이러한 상황은 대학의 차별화 경쟁을 촉진하고 있으며 대학은 다투어 차별화 전략으로 경쟁 우위를 유지하려 하고 있다.

유한대학도 일반 대학과 차별화하고, 산학협력의 분야와 방법에서 차별화하고 있다. 우리가 그로칼(glocal) 산학협력 특성화대학을 표방하고 온리원 대학을 강조하는 것도 그 때문이다. 우리는 몇몇 특성화 부분에서 국내외 기업이 가장 선호하는 현장 전문 인력을 길러내는 명문 산학협력 전문대학을 지향하고 있다. 그러므로 Student First를 무엇보다도 내세운다. Student First는 교수가 아는 것을 가르치는 것이 아니라 학생들이 필요로 하는 것을 가르치는 대학이며, 학생들이 필요로 하는 지식은 기업이 요구하는 지식이다. 이와 아울러 '나'의 전문적인 지식이 다른 사람의 전문적인 지식을 아름답게 생각하는 것은 지식간의 연결을 가능하게 하며 학제적 내지 기술적 분업의 길을 여는 길이다. '다른 것이 아름답다'는 것은 이러한 의미에서도 유용하다.

지금 세계적으로 기업의 사회적 책임(CSR: Corporate Social Res -ponsibility) 바람이 세차게 불고 있다. CSR의 국제적 표준을 정하는 ISO 26000 작업도 거의 마무리 단계에 접어들고 있다. 이제 기업은 세계시장에서 CSR 경쟁을 하지 않으면 안되게 되었다. CSR이 경쟁력의 핵심적 요소가 되어가기 때문이다.

한국의 CSR은 '유일한로' 조성사업에서 시작되었다. 유일한 선생은 한국에서 CSR의 상징적인 인물이었고, 따라서 유일한로는 바로 CSR 상징거리라는 성격을 갖고 있었던 것이다. 유일한로가 CSR거리라는 상징으로 조성된다는 기사가 매스컴에 보도되자, 이 문제에 관심이 있는 정부 당국자와 많은 인사들로부터 연락이 있었고, 그러한 연락의 확대 결과로 산업자원부 주도로 '한국CSR표준화포럼'이 만들어졌으며 ISO 26000에의 대응은 주로 이 포럼을 중심으로 이루어졌다. 이제는 정부 기관이나 각 경제단체들도 다투어 CSR에 깊은 관심을 갖고 있고, 시민단체나 노동단체에서도 본격적인 관심을 갖기 시작했으며, 기업들도 CSR 관련 부서를 두기 시작했다. 이미 미풍의 수준은 넘어서고 있다는 인상이다.

이명박 대통령이 '기업 프렌드리'를 강조하고 있지만, 국민들을 기업 프렌드리하게 만들려면 기업이 먼저 CSR을 다 하도록 해야 한다. 이때야말로 기업의 CSR운동이 강풍으로 커져야 할 때다. 우리가 몇 년전 '유일한로 페스티벌'에서 기업CSR운동과 기업사랑운동의 맞교환 운동을 제창한 것도 그 때문이다.

한국 기업들에게 CSR운동은 기업 이미지 차별화 운동이며, 기업의 윤리적 차별화 운동이며, 기업이 대중의 사랑을 받을 수 있는 마케팅 차별화 전력의 일종이기도 하다. 분명 기업 차별화의 성격이 강하며 적극적으로 수용되어 마땅하다. 그야말로 '다른것이 아름답다'는 말이 여기에도 적용된다. 그러나 CSR운동 자체도 다른 나라, 다른 기업의 CSR운동과 차별화해야 한다. 우리의 독특한 개성적인 CSR전략이 수립되어야 한다는 말이다. 유일한로는 현재로서는 경인국도의 부천구간 7킬로미터이지만, 이 길은 한국CSR 운동의 상징거리이며 이 길이 이어지는 곳마다 이 정신이 전달되고 확산되기를 기대하고 싶다.

그러나 CSR은 그렇게 간단한 것이 아니다. 자체의 힘만으로는 성공하기 어렵다. 사회책임투자(SRI: Social Responsible Investment)가 끌어주는 것이 필요하다. 노르웨이에서는 연기금이 SRI 자금으로 투입되어 거대 SRI펀드가 CSR 점수가 높은 기업에 투자하기 때문에 기업들은 좋은 자금의 투자를 받기 위해서도 CSR에 더욱 힘쓰게 된다. 한편 소비도 사회책임소비(SRC: Social Responsible Consumption)의 성격을 띠게 되어 CSR 점수가 높은 기업 제품을 선호함으로써 결국 기업의 CSR을 촉진하게 된다. 기업이 CSR을 다하면 노동계도 그것에 호응하여 사회책임노동(SRL)을 하게 되고 그만큼 산업평화가 이루어진다. 한편 정부도 CSR을 다하는 기업에게 조세금융상의 혜택을 주고 정부의 각종 조달에 유리하게 함으로써 기업의 CSR을 촉진하게 된다. 그렇게 되면 CSR 점수가 높은 기업에 투자하는 SRI가 결과적으로 수익배당을 많이 받을 수 있게 되어, 개인 투자자금이 더욱 SRI펀드에 모이게 되고, 그렇게 되면 비SRI펀드도 SRI 기준의 영향을 받게 된다.

이러한 여러 요소가 대열을 이루어 함께 가는 것이 중요하다. 유일한로는 그러한 큰 길이 되기를 기대한다.

하나의 선진국의 탄생은 지금까지와는 새로운 다른 메시지를 갖고 탄생한다. 과거 어떤 선진국과 같은 길을 걸어 같은 메시지를 갖고 등장했던 선진국은 없었다. 한국의 선진화는 기존 선진국을 닮은 길을 닮은 메시지를 갖고 이룩되지는 않는다. 다른 길을 걸어 다른 메시지를 갖고 등장해야 한다. 그런 의미에서 한국의 선진화의 길목에도 '다른 것이 아름답다'는 푯말이 붙어있다.

  '다른 것이 아름답다'는 명제는 차별화를 서로 받아들여 다양성이 보장되는 열린 사회를 만드는 길이다. 우리가 생태환경을 중시하는 것은 그것이 생물다양성을 보존하는 것이기 때문이며, 바이오 연구의 결과로 생물다양성의 가치가 그것을 파괴하고 얻는 개발가치보다 크다는 것을 알았기 때문이다. 우리가 문화의 시장화, 거대 자본화에 우려를 표하는 것은 문화다양성의 중요성을 주목하기 때문이며, 문화다양성의 미래가치는 현재의 시장 평가가치보다 훨씬 크다고 보기 때문이다. 아울러 신자유주의적 시장경제를 경계하는 것은, 그것이 산업의 다양성을 파괴하여 파괴비용이 신자유주의에서 얻는 이익가치보다 훨씬 크다고 생각하기 때문이다.

  우리는 세계에 생물다양성, 문화다양성, 산업다양성 등의 다양성의 축을 건설해야 한다고 생각한다. 악의 축이나 선의 축보다 '다양성의 축(axis of diversity)'이 중요하다. 그 축을 세우는 언덕에도 '다른 것이 아름답다'는 푯말이 붙어있다. 요컨대 다른 것을 아름답게 보면 다양성의 언덕을 지나 선진화의 들녘에 이를 수 있는 각자 남과 다른 개성을 발전시키도록 하되 나와 다른 개성을 아름답게 보는 교육을 실시하고 다른 것을 아름답게 보는 문화를 기르고 다른 것을 아름답게 보는 환경을 살려야 할 것이다.

  유일한 강좌는 학생들에게 우리 사회의 명사들의 다양한 말씀들을 전해주기 위해서 펼치는 것이지만, 동시에 다양성의 축을 만드는 작업과 연결될 수 있기를 소망하고 있다. 거듭 말하거니와, 다양성의 출발점은 '다른 것을 아름답게 보는 자세'이다. 각각 다른 목소리로 다양한 메시지를 전해주신 여러분께 머리 숙여

감사한다. 아울러 수고해주신 김동진 교수, 한성수 조교, 정원희 씨께 감사를 표한다. 아울러 이번에도 이 출판을 맡아 무리한 일정에도 헌신적으로 출간해주신 김경희 사장과 편집부 김예지 씨께 사의를 다 표할 길이 없다.

2008년 6월

김 영 호

차례

미래 다가올 기술, 비즈니스, 생활·71 　　차원용

ASPECT
미래기술경영연구소
소장

동아시아의 융합문화 만들기·97 　　이어령

중앙일보 고문

디자인 이해를 위한 디자인 명언들·115 　　이영혜

디자인하우스 대표이사

무한의 도전·121 　　서성기

테라셈,
에이스벤처캐피탈 회장

1등보다 1호를 선호한 창조와 상생경영

조현정
비트 컴퓨터 회장

안녕하세요.

여러분들은 아주 훌륭하신 학장님을 모시고 있어서 좋겠어요. 많은 벤처인들은 김영호 학장님을 잊지 못하고 있답니다. 대한민국 벤처가 지금은 세계를 대표할 만큼 좋아졌는데, 우리나라가 IMF의 구제금융을 받아야했던 외환위기가 터졌을 때, 참담했던 국민들에게 꿈과 희망이 되었고, 전 세계에서 IMF를 가장 조기에 졸업하는 일에 가장 앞장을 섰던 것이 벤처기업들입니다. 그리고 벤처기업들의 창업과 투자가 원활해지는 생태계를 이루도록 노력하신 당시의 산업자원부 장관님이 여러분 학장님이세요. 그런 분을 모시고 있는 여러분은 행복하겠습니다. 심지어 2,000여 개의 벤처기업들이 모여 있어서 벤처의 상징물인 테헤란벨리에 대통령을 모시고 벤처기업인들을 격려하신 적도 있습니다.

주어진 1시간 동안 내가 여러분을 위해 잘 살아갈 수 있는 방법을 열심히 설명할 것입니다. 우선 청년인 여러분들은 오늘과 같이 '유일한강좌'에서 얻어지는 지식을 잘 익히고 활용하면, 모두가 크게 성공하게 될 겁니다.

1호는 역사가 된다

여러분, 학교 다니면서 1등 해봤어요? 나도 학교 다닐 때 공부로는 1등을 해보지 못했습니다. 그러나 1호는 많이 만들어 왔습니다. 1호는 곧 창조를 의미하는 것인데, 사실 나는 1호 타이틀이 백 개가 넘습니다. 여러분들도 아는 것처럼 고등학교 3학년 때 공부로 1등하는 친구가 매번 1등을 유지하기도 어렵겠지만, 해가 바뀌면 그 1등은 또 다른 3학년이 하게 되어 있습니다. 그러나 1호는 영원한 것입니다. 누군가가 먼저 기록에 남을 1호가 된다면 역사가 될 수 있는 것입니다. 내 이야기를 여러분들이 듣고 실천을 하면 자신감과 창조성을 갖게 될 겁니다. 요즘 많은 기업이나 국가들이 가장 노력하고 애쓰는 것이 창조성 있는 인재 육성입니다. 그런 창조성 인재와 여러분들은 아무 관계가 없다고 생각하는 경우가 많습니다. 하지만 사실은 여러분 모두가 가능한 인재들입니다.

우선 시간 관리에 대해 이야기할게요. 오늘뿐만 아니라 평소 수업시간에 잡담이나 잠을 자는 일이 없기를 바랍니다. 여러분은 수학여행을 가봤지요? 수학여행에서 안타까운 일은, 여행은 새로운 견문을 넓히기 위해서 가는 것인데, 대부분이 낮에는 자고 밤에는 논다는 것입니다. 밤만 되면 어디에선가 술이 나오고, 고스톱 같은 게임이 밤늦게까지 펼쳐집니다. 다음 날 낮에는 피곤하기 때문에 차 안에서 잠을 잡니다. 사실은 그 시간에도 창밖을 보면서 배워야 되는데 말입니다. 친구들하고 노는 것은 평소에도 할 수 있는데, 굳이 비싼 수학여행비를 내고 여행지에 가서까지 그렇게 해서는 안 되는 일입니다. 오늘도 마찬가지입니다. 여러분들의 수업태도가 개개인의 성공의지와 관련이 있습니다. 학교에서도 비싼 비용을 들여서 이런 특강을 마련하는 것은 여러분의 성공을 바라고 하는 것입니다. 대학생인 여러분들은 학습태도부터 바꾸면 인생이 달라지기 시작할 것입니다.

여러분들은 대부분이 1983년 이후에 태어났을 텐데, 나는 1983년에 회사를 차렸어요. 그 때가 대학 3학년이었지요. 그렇게 해서 내가 대한민국 대학생 창업 1호가 됩니다. 요즘은 고등학생들도 창업을 하잖아요? 그런데 24년 전에는 그렇지 않았습니다. 대학생이 왜 공부는 하지 않고 창업을 하느냐고 할 때 입니다. 심지어 벤처와 소프트웨어라는 단어는 일반인들이 모를 때였기 때문에 대한민국 벤처 1호가 되고, 비트컴퓨터가 국내 최초의 소프트웨어 회사가 되었고, 또 호텔 객실을 빌려서 회사를 차렸다 하여 오피스텔의 원조가 됩니다. 이때까지만 하여도 오피스텔이라는 단어가 없었어요. 하여튼 이런 식의 1호 타이틀을 100개 정도는 가지고 있습니다.

그런데 대학 다닐 때 나는 고민이 많았습니다. 내가 다닌 인하대학교가 일류대가 아니잖아요. 요즈음 인하대학교가 《중앙일보》 전국대학 평가에서 10위 안에 있긴 하지만, 내가 다닐 때에는 이보다 훨씬 밑에서 맴도는 수준이었답니다. 일류가 아닌 대학을 다니면서 한국 사회에서 1등으로 승부한다는 것은 결코 쉬운 일이 아닐 것입니다. 그러나 정글의 법칙이 존재하는 이 세상을 살아가면서 매번 지고 살 수 없는 것이고, 당연히 이기기 위하여 도전하면서 살아가야 합니다. 결국 내가 그 해결 방법을 택한 것이 1호를 만들어 가기로 한 것입니다.

마침 내가 컴퓨터를 처음으로 손댄 때가 1979년이었습니다. 그런데 여러분들 쓰고 있는 PC의 모체는 IBM 계열인데, IBM이 PC를 처음 만든 해가 1981년입니다. 이 IBM PC가 나오기 전인 1979년에 미국의 애플사(社)에서 만든 PC가 있었습니다. '애플-투' 라는 모델이었는데, 그걸 가지고 컴퓨터를 익히기 시작했습니다. 내가 컴퓨터를 익힐 때에는 컴퓨터 성능과 환경이 나빴는데, 예를 들면 메모리 용량이 겨우 48킬로바이트였습니다.

지금 여러분들의 집에서 쓰고 있는 PC는 적어도 512메가바이트 정도는 될 겁니다. 비교하자면 지금의 1/13,000 밖에 되지 않을 만큼 아주 작은 용량이에요. 48킬로바이트 가지고는 여러분들의 명함판 사진 한 장도 제대로 띄우지 못 할 겁니다. 하도 용량이 작다보니 전산학과에서는 컴퓨터라고 인식하지 못하고 오히려 전자공학과에 굴러들어와 있더라고요. 전자공학과에서는 지금과 같이 응용프로그램을 다루는 학과도 아닌데다가, 이 PC로 하드웨어를 만드는 프로그램 입력기로 사용하고 있었습니다.

내가 어떤 자료를 뒤지다 보니 이 PC가 응용프로그램을 개발할 수도 있고, 운영할 수도 있는 것이었습니다. 그래서 아무도 하지 않는 소프트웨어 공부를 혼자서 독학으로 시작하였답니다. 그러나 환경은 열악하였지요. 화면에 한글이 나오지 않았고, 플로피디스크도 없었답니다. 당연히 한글 프린트도 할 수 없었지요. 아무리 열심히 프로그램을 짜도 그것을 저장하는 방법이 문제였습니다. 결국 일반 녹음기에다 저장을 하게 되었고, 어떤 날은 녹음테이프의 불량으로 말미암아 일주일 내내 작성한 프로그램이 사라지기도 하여 애를 먹기도 하였습니다.

따지고 보면 똑같은 PC를 두고 전산학과에서는 아예 내쳤고, 전자공학과에서는 지금과 같은 PC로 보지 않았지만, 제 눈에는 비전이 보였던 것이지요. 하나씩 익혀가는 것이 재미도 있었지만 정말 열심히 공부하였습니다. 독보적인 기술을 익히고 나니, 주변에서 프로그램 개발 요구가 많아졌지요. 졸업생들의 대부분은 성적이 좋으면 모두가 대기업에 취업하는 것이 성공한 학생으로 평가되던 시기였습니다. 그러나 나는 취업이 아니라 창업의 길을 걷기로 한 것입니다. 그런 결정의 이유가 있습니다.

여러분 본 적이 있는지 모르지만, 연못이나 냇가에 가보면 '부평초'라는 것이 있습니다. 뿌리를 땅에 붙이지 못하고, 물이 흐르는 대로 떠다니는 풀입니다. 이 풀처럼 본인의 의도와 관계없이 세상이 흘러가는 대로 흘러간다면, 그렇게 흘러가는 인생은 어떤 기록도 남길 수 없다고 봅니다. 나는 부평초처럼 살지 않겠다고 각오를 하였기에 취업이 아니라 내 뜻을 쉽게 펼쳐 볼 수 있는 창업의 길을 걷게 된 것입니다.

담배 반 갑=1시간, 시간을 관리하라

대학을 다닐 때 내가 가지고 있는 경쟁력이 무엇인가를 항상 스스로 묻곤 했습니다. 여러분들도 그런 질문을 스스로 자주 하여야 합니다. 경쟁력이 좋은 것은 더 좋게 하여야 하고, 부족하다고 판단이 되는 것 가운데서 포기해도 되는 것은 빨리 버리고, 포기할 수 없는 것은 끝까지 채워내야만 나만의 경쟁력이 되는 것입니다. 내가 포기한 것들은 이런 것입니다. 나는 키가 작은 편인데, 아무리 노력한다고 해도 크게 할 수는 없는 것이지요. 그렇다고 조금이라도 커 보이게 하는 신발조차 신지 않을 만큼 확실하게 포기합니다. 일류대학 출신도 아니기 때문에, 머리는 좋은 편이지만 이런저런 이유로 낮춰갔다고 매번 변명을 하는 것도 우스운 일인 것입니다. 실력으로 보여주면 되는 것입니다.

여러분은 모두가 중학교는 제대로 졸업을 했을 것입니다. 나는 등록금이 없어서 중학교를 다니다 말았을 만큼 경제적으로 여유가 없는 집안의 아들이었지요. 그런 고민 속에서 유일하게 경쟁력을 가지고 있는 것은 시간이라고 판단했습니다. 누구에게나 평등하게 제공되는 하루 24시간의 황금 같은 시간 말입니다. 대학 3학년 때 창업할 때에도 이 시간으로 승부하기로 각오를 했습니다. 이 시간 관리만이라도 잘 할 수 있다면, 다른 모든 것에 경쟁력을 가지고 있는 어느 누구에게도 이겨낼 수 있겠다고 결심한 것이지요.

그래서 호텔 객실을 빌려서 사무실을 연 것도 이 이유입니다. 창업자본금이 450만 원이었는데, 사무실 보증금으로는 지금의 2,500만 원의 가치가 되는 당시 250만 원으로 임대할 수 있는 사무실은 변두리밖에 없었습니다. 변두리에 사무실을 임대를 했다면 건물 관리인이 없는 작은 빌딩이기 때문에 야간에 근무가 불가능하고, 냉방과 난방을 스스로 해결하려면 시간 낭비가 많겠다는 생각이 들었습니다. 그런데 호텔객실은 임대료가 상당히 비싸기는 하지만, 야간근무, 냉방, 난방, 심지어 청소조차 할 필요 없으니, 오직 프로그램 개발에 전념할 수 있다는 큰 장점이 있습니다.

내가 창업한 호텔 객실은 침대 하나 들어가는 규모가 아니고 방 속에 방이 셋이나 있는 스위트룸이었습니다. 이 비싼 호텔을 빌린 것은 오직 시간의 효율성을 높이기 위해서 택한 것입니다. 나는 여기에서 날마다 하루에 17시간씩 개발 업무에 집중할 수 있었습니다. 휴일도 없이 개발에 몰두한 것이지요. 그런 시간 관념이 오늘의 나를 만든 것입니다.

그런데 대학생인 여러분들이 시간을 낭비하고 있는 모습을 보고 있으면 나는 용서가 되지 않습니다. 내가 대학 다닐 때에 시간의 가치를 철저히 인식하고 관리를 잘한 효과가 어느 정도였는가 하면, 대학 4학년 때 1년 동안의 매출이 1억7천만 원, 지금의 가치로 따지면 17억 원이었습니다. 삼성전자 대졸 초봉이 34만 원일 때입니다. 여러분과 같은 또래였던 대학 3학년이 그런 성과를 얻을 수 있었던 것은 아무도 하지 않고, 가지 않은 길을 걸었고, 시간 관리를 철저히 했기 때문입니다. 여기에다가 발상의 전환, 다른 표현을 하자면 혁신의 사고를 자주 적용한 것이지요.

내가 만든 비트컴퓨터라는 회사는 여러분들에게는 아마 처음

들는 이름일 겁니다. 의료정보라고 하는, 일반인들과는 거리가 먼 분야를 24년 동안 한 우물만을 집중해서 팠고, 일반인 대상으로 광고나 홍보를 하지 않는 기업이기 때문일 겁니다. 그러나 의료 분야에 가서 물어보면 최고의 회사임을 알게 될 것입니다.

나는 살아오면서 10년 주기로 목표를 설정하고 이뤄왔습니다. 제가 20대에 이루고 싶었던 세 가지 꿈이 있었습니다. 첫째는 내가 평생을 몸담을 분야에서 최고가 되는 것이었습니다. 40대나 50대에 이루는 것이 아니라 나이 서른 전에 이루겠다고 다짐을 하였답니다. 많은 사람들이 뛰어든 분야나 오랜 전통 산업에서는 이를 이루는 방법이 없다고 봤습니다. 그래서 아무도 하지 않은 소프트웨어 분야를 택하였고 열심히 했습니다.

두 번째는 시간통제 능력을 키우는 것이었습니다. 많은 젊은이들이 생각 없이 시간을 낭비하는 경우를 많이 보아왔습니다. 내 경우는 인생에서 20대에 방향을 정하고, 뜻을 이루기 위하여 시간을 집중 관리하는 능력을 갖춰야 성공한다고 봤습니다.

세 번째는 도덕심을 확고히 하는 것이었습니다. 나쁜 짓 하지 않는 정도의 도덕심이 아니라 기록에 남을 도덕심을 키우고 이루는 것이었습니다. 지금도 왼쪽 귀가 들리지 않는데도 군의관을 속여서 군대를 갔다 오고, 대학생이 돈을 벌면 아르바이트 수입이라 하여 굳이 세금까지 낼 필요성이 없지만, 나는 달랐답니다. 국민으로서 당연한 일이라 하여 세금을 내기도 하였지요.

20대의 시간 관리에 대하여 더 이야기하자면, 아침에 일어나기로 한 시간에는 정확하게 일어날 수 있어야 합니다. 제때 일어나지 못하고 이불 속에서 빈둥거리고 못 일어나서 부모님의 속을 태우는 짓은 20대가 할 일이 아닙니다. 그것은 10대까지는 용납이 될 수 있을 겁니다. 그러나 20대라면 다음 날 일어나야 할 시간이 새벽이라고 하면 전날 일찍 자는 한이 있어도 꼭 일어나야 합니다. 다음 날 일찍 일어날 자신이 있다면 늦게 자더라도 어쨌든 자기가 정한 시간엔 일어날 수 있는 시간 관리가 필수입니다.

나는 인생에서 확실한 바탕을 만들어 가는 청춘의 시간을 효율적으로 얻기 위해서 돈하고도 바꾼 사람입니다. 임대료가 훨씬 비싸지만, 호텔방에서 창업을 한 이유는 시간을 얻기 위해서 과감하게 한 것입니다. 여러분들도 젊은 시간을 아깝게 생각하고 그 시간을 벌어야 합니다. 시간을 버는 방법은 통제를 잘하는 것이지요. 여러분은 오락하다 보면 한 시간만 하겠다고 아무리 마음을 먹어도 꼭 한 시간 만에 끝내지 못하잖아요? 이런 것을 두고 시간을 통제하지 못한다고 하는 겁니다. 재미있는 오락을 하지 말라는 것이 아닙니다. 사실은 나도 여러분 또래 때 오락에 빠져 있었다고요. 어느 날 이건 아니다 싶어서 딱 끊었어요.

나는 담배도 안 피우거든요. 내가 고등학교 다닐 때 친구들과 '우리 담배 피울까 말까' 토론이 붙었습니다. 친구들 이야기는 담배를 피우는 것이 사회생활 하는 데 유리하다고 하는 겁니다. 그런데 나는 담배가 건강에 나쁘기 때문에 안 배운 것이 아니라, 한 대를 피우는 시간이 한 7분씩 걸린다고 보면, 반 갑이면 하루 가운데 거의 한 시간인데, 담배 피우는 일로 낭비하는 것이 싫었습니다.

지금의 금연 캠페인도 건강만을 강조할 것이 아니라, 젊은이의 시간에 대하여 강조하는 방법도 권하고 싶습니다. 심지어 대학생들이 날씨 좋은 날에 캠퍼스 잔디밭에서 멍하니 하늘만 바라보고 있는 것도 나로서는 안타까운 모습입니다. 여러분도 자신이 낭비하는 시간들을 분석하고 줄여나가야 됩니다.

젊은 창업가의 솔선수범한 사회 공헌

내가 테헤란거리(벨리)의 원조입니다. 1985년 말에 회사도 커졌고, 고객들은 호텔 객실에 있는 회사를 신뢰하지 않는 것 같았습니다. 서울 시내 어디로 갈까 하고 고민에 들어갔습니다. 컴퓨터 회사들이 모여 있는 곳이 두 곳이었는데, 여의도는 IBM과 HP의 한국지사가 있어 그 주변에 대리점들이 몰려 있었고, 시청 앞에는 일본의 NEC, 후지쓰 같은 회사들이 있는 관계로 그 대리점들이 몰려 있었습니다. 지금은 소프트웨어 회사가 독립적으로 존재하지만, 당시는 하드웨어 대리점들이 이 구실을 하고 있었습니다.

나도 IBM을 다루고 있었기 때문에 여의도로 갈까도 생각했었지요. 한 곳에 몰려 있으면 정보수집도 편하고, 교육의 기회도 많겠다고 생각했지요. 그런데 외국의 어느 잡지에서 이런 글을 봤습니다. '미래에는 소프트웨어 회사가 컴퓨터 시장을 주도하게 될 것이다.' 이 글은 지금은 현실이 되었기에 너무도 당연하지만, 당시로서는 믿을 수 없는 예측이었습니다. IBM과 같은 막강한 몇몇의 하드웨어 회사가 소프트웨어 시장을 장악하고 있었고, 심지어 IBM조차 이런 세상을 예측하지 못하여 마이크로소프트사를 키워준 잘못을 범하기도 하였던 시기가 이 때입니다.

나는 이 글을 읽는 순간 무조건하고 믿기로 했습니다. 그 이유는 내가 하고 있는 분야가 잘될 수 있다는 믿음이 나 스스로를 강하게 만들어 줄 수 있다고 본 것입니다. 그래서 테헤란로를 택한 것입니다. 그 뒤로 테헤란로에 2,000여 개의 기술계 기업들이 몰려 와서 세계적인 브랜드가 되었답니다. 그 글을 제대로 믿고 따른 비트컴퓨터는 부침이 심한 IT 업계에서 아직 살아 있고, 여의도와 시청 앞에서 대리점 형태로 소프트웨어 개발을 하던 기업들은 지금 모두 부도가 나고 없어졌습니다. 정말 잘 결정한 것이지요? 그만큼 미래도 내다보고 적극적으로 활동해야 되는 일들이 많답니다.

1987년쯤에 사회공헌에 대하여 고민하는 여유를 가지기 시작했습니다. 그 시기에 그런 생각을 가지게 된 것은 남들과 같은 평범하고 보통의 삶이 아니라, 스스로 다짐을 하기를 '젊은 리더가 되어야 한다'고 생각했지요. 마침 1988 서울올림픽 조직위원회에서 흑자경영과 국민들의 관심을 집중시킬 목적으로, 1년 전부터 자원봉사자들을 뽑더라고요. 세계적인 국가 행사에 청년 리더가 어떤 몫이든 해야겠다는 생각으로 조직위원회를 찾아갔습니다. 결국 수작업을 하려던 성화봉송 관리 업무를 맡기로 하였지요.

업무 분석을 하고 보니 수작업에 견주어 컴퓨터로 하면 단순한 일이었습니다. 봉사라는 것은 시간을 채우고 계획대로만 하면 할 수 있으나, 적극적으로 솔선수범하는 의지를 보이기 위해서 한국 최초로 멀티미디어 프로그램을 개발하여 조직위원회에 제공했습니다.

당시 모든 PC가 컬러 그래픽이 되지 않았기 때문에 화면에서 지도가 나오게 하고, 구간마다의 주자들의 사진이 나오고, 주요 주자들을 격려하는 메시지를 음성으로 담은 최초의 멀티미디어 프로그램을 개발한 것입니다. 이 프로그램은 NHK 뉴스와 KBS 의 1시간짜리 성화봉송 특집 프로에 이용되기도 하였지요. 이 당시 개발비와 장비 값이 약 3천만 원이 들었지만, 모두 무상으로 제공했습니다. 요즈음 가치로 따지면 2억 5천만 원은 넘는 금액입니다. 젊은 대학생들인 여러분들도 공부만 하고 있을 것이 아니라 이런 세계적인 행사에 적극적으로 참여하기를 권하고 싶습니다. 그런 경력을 가지게 된다면 인생을 살아가는 데에 큰 자부심도 생길 것입니다.

1989년 1월에는 《아시아 월스트리트》지에서 1면 머리기사로 나를 다루었습니다. 한국에서 새로운 기술계 기업들이 생기기 시작하고, 젊은 창업가, 그것도 컴퓨터 분야의 소프트웨어 회사를 만들어 매출도 제법 되고, 사회 공헌도 하고 있다는 것이 기사거리가 된 것이지요. 이 기사로 말미암아 두 가지 획기적인 일이 벌어집니다.

하나는 비트교육센터의 설립입니다. 그리고 또 하나는 병역특례 제도를 만든 것입니다. 당시는 정보통신부가 생기기 전이었고, 산업자원부의 전신인 상공부의 한승수 장관님이 이 신문을 보시고 격려와 축하전화를 주신 겁니다. 한국 관련기사가 외국 언론에 그것도 1면 머리기사로 다뤄지는 사례가 별로 없을 때였습니다. 신문에서 나를 소제목으로 'boy president'라고 쓴 이유를 설명하다가 소프트웨어를 개발하려면 젊을수록 좋은데, 우리나라는 젊은 개발자들이 국방의 의무를 다해야 하기 때문에 단절이 있다고 말했습니다. 그래서 장관님이 건의사항이 있으면 하라고 할 때, 군 장비를 만드는 방위사업체에만 주어지는 병역특례 제도를 소프트웨어 업계까지 확대를 요청드렸더니, 마침내 1989년에 법이 통과되어 비트컴퓨터가 '병역특례 1호' 기업이 되기도 하였습니다.

20대에 내내 이루고 싶었던 것이, 내가 종사하고 있는 분야의 최고가 되는 목표가, 31살의 나이에 외국 언론에게까지 크게 보도되고 있으니, 목표를 이뤘다고 보는 것이지요. 그리고 새로운 10년을 준비하게 됩니다.

상생을 위한 비트프로젝트

30대의 10년 동안에 이루고 싶은 목표는 '네트워크'였습니다. 1988년에 소프트웨어산업협회를 설립하여 많은 기업들과 네트워크를 이루면서 벤치마킹을 할 수 있었고, 관련법들을 만들어가는 재미를 붙이고 있을 때였습니다. 그래서 세 가지 분명한 목표를 정하고 '비트교육센터'를 1989년의 1년 동안 준비를 하여 1990년에 설립을 하게 됩니다.

첫째 목표는 소프트웨어 생태계를 위한 기여였습니다. 나 혼자 또는 비트만 잘 되기를 바라는 것이 아니라, 내가 몸담고 있는 소프트웨어 분야의 생태계에 큰 기여를 하면서 기업의 성장모델을 찾기로 하였습니다. 우리 소프트웨어 생태계에 가장 중요한 것이 우수한 인재입니다. '부족한 실력으로 열심히만 해서 국가와 회사를 망하게 하는 인재'가 아닌 제대로 된 사람을 키워주고 싶었습니다.

두 번째는 1989년 당시의 소프트웨어 프로그래머들의 90퍼센트 이상이 코볼이라는 것을 사용하고 있었는데, 나는 이 코볼을 사라지게 만들어야 한국의 컴퓨터 기술이 커진다고 봤습니다. 이것을 위해 전국에 100명도 사용하지 않는 'C' 랭귀지를 대중화하겠다는 목표를 정했습니다.

그리고 마지막으로 개발자들의 네트워크 구축이었습니다. 개발자들이 혼자 할 수 있는 것이 아니라 서로가 협력하면서 규모 있는 프로젝트를 만들어 가야만 산업도 발전하는 것이기 때문이지요.

17년이 지난 지금의 목표 대비 성과를 말씀드리면, 첫 번째 부분은 지나칠 정도로 이뤄냈습니다. 2007년 지금까지 7,500명이 넘는 '비트 출신'을 배출했는데, IMF 때를 포함하여 평생취업률 100퍼센트를 이뤄냈습니다. 한마디로 소프트웨어 업계에서 절대 선호하는 실력자들을 키워낸 것입니다. 입학경쟁률이 평균 5대 1이 넘지만, 항상 정원이 미달입니다. 일정한 실력이 되지 않으면 뽑지 않는 절대평가 방식으로 선발하기 때문입니다. 강사만 하여도 서울대학교와 KAIST석박사가 120명이나 되고, 6개월 동안 총 1,800시간을 교육받게 될 만큼 교육의 강도가 높고, 시설도 임대료가 비싼 강남역 일대에서 최고로 갖춰 놓았고, 지난 17년 동안 5년 흑자 12년 적자를 이어갈 만큼 교육원가가 매우 높은 교육을 시키고 있습니다.

두 번째인 'C' 랭귀지 대중화는 철저히 이뤄냈습니다. 'C' 랭귀지는 C++, JAVA, C#으로 발전해 한국이 세계적인 IT강국이 되었습니다. 심지어 한국에서는 코볼이 아예 없어졌지만, 일본은 아직도 전체 30퍼센트 이상이 코볼을 사용하고 있는 것을 보면 비트교육센터가 이룩한 성과를 읽을 수 있을 것입니다.

세 번째인 네트워크 구축의 막강함을 알 수 있는 사례는 설립 10주년 기념식 때에 3,920명의 비트 출신들 가운데서 1,400명이 한자리에 모일 만큼 서로 신뢰가 확실한 네트워크를 이뤄낸 것입니다.

요즘 젊은이들은 취업이 안 된다고 아우성이고, 기업에서는 쓸 만한 사람이 없어서 야단입니다. 언론사에서 청년실업자들에게 취업이 안 되고 있는 원인에 대한 앙케트를 한 결과, 정부 잘못이 36퍼센트, 대학 교육이 잘못된 것이 24.7퍼센트, 그 다음에 기업의 구조적인 잘못이 18.5퍼센트, 이 세 가지를 다 합치면 80퍼센트고요, 자기 잘못이 17퍼센트라고 답했다고 합니다. 그런데 내가 사람을 키워봐서 아는데, 모든 잘못은 스스로 충분한 실력을 갖추지 않은 자기에게 있습니다. 이미 우리는 디지털시대에 살아가고 있습니다. 디지털시대에는 '0'과 '1'만 존재하듯이 어떤 사람도 확실한 실력을 갖추지 못하면 낙오자가 되는 것입니다. 대학생 여러분들은 정말 열심히 공부하시기 바랍니다. 그래야 3만 달러, 4만 달러 시대의 주역이 되는 것입니다.

그리고 또 1995년 말에 벤처기업협회를 만들었습니다. 겨우 12년 전의 일이지만, 당시 한국 경제는 노동집약형의 산업 구조였습니다. 기술만을 가지고 사업을 한다는 것이 정말 힘든 때였지요. 전통제조업을 하는 기업들은 부동산이 있기 때문에 담보가 되어 차입경영이 가능하지만, 기술계 기업들은 임대 사무실에 개발용 PC가 전부이기 때문에 담보거리가 없으며, 석박사 학위를 받은 고급 인재들은 대기업이나 학교로 가지, 비전이 명확하지 않은 작은 기술계 기업에는 오지를 않았답니다. 심지어 우리 기술로 뭔가를 만들었다고 하면 국산이라는 이유만으로 팔리지가 않았습니다. 지금의 중국제를 생각하면 딱 맞습니다.

그래서 언론에 자주 거론되는 종업원 10여 명의 벤처기업인들이 모여서 협회를 만든 것입니다. 그래서 코스닥을 만들고, '벤처기업육성을 위한 특별조치법'도 통과시키는 일들을 해낸 것입니다. IMF 사태가 터져서 국가적인 위기에 있을 때 국민들에게 청년들의 희망이 되는 벤처 신화를 일궈간 것입니다. 모든 기업들이 구조조정을 하여 명퇴, 조퇴 등으로 직원을 정리하는 때에 벤처기업에서는 고용과 창업이 이뤄지고, 서울대학교 컴퓨터공학과가 의과대학교보다 커트라인이 높을 만큼 희망이 되었던 겁니다. 그 위기의 순간에 한국이 벤처로 일어섰기 때문에 IMF를 조기졸업을 하게 되었고, IT 강국과 정보화 사회로 발전한 것입니다.

2006년 말 현재 대한민국의 벤처 성과는 대단합니다. 수출 증가율이 대기업보다 많은 121억 달러나 되고, 전체 매출액이 120조 원에 이르고, 한 해 매출이 1,000억 원이 넘는 '벤처천억클럽' 회원 수가 102개 사가 될 만큼 괄목할 만한 성장을 하고 있는 것입니다. 그동안 벤처의 부정적인 요소들이 있었음에도 성실한 기업들에서 많은 성과를 내고 있는 것입니다.

그리고 40대의 10년 동안 '상생'이라는 큰 목표를 정하고 사회활동을 하였습니다. 나도 잘되어야 되겠지만 주변도 잘될 수 있도록 하겠다는 것입니다. 제일 먼저 한 것은 가진 기술을 사회를 위해 공개하는 일입니다. '비트프로젝트'라는 책을 통하여 최신의 기술과 프로그램 소스를 CD에 담아서 백 권이 넘는 책에 천

가지가 넘는 기술을 공개하고 있습니다. 이 가치를 추정해 보면 100억 원은 훨씬 넘을 겁니다. 개인적으로 20억 원을 내어 '조현정재단'을 2000년에 설립하여 장학금과 교수님들의 연구비를 지원하고 있습니다. 벤처기업인으로서는 처음 설립한 재단이기도 하고요. 내가 다닌 모교인 인하대학교에 벤처동문 4명과 함께 '인하벤처창업관'을 짓기도 하였습니다. 그리고 언젠가 이뤄질 통일시대를 위해 북한의 IT 기술자와 학생들이 한국에서 만든 책으로 공부할 수 있도록 3만 권의 책을 수집하여 2006년에 전달했습니다.

이제 나는 50대가 되었습니다. 그래서 앞으로 10년 동안은 이러한 일을 하려고 합니다. 한국을 인도처럼 '소프트웨어 수출 강국'으로 만드는 일입니다. 2004년도에 대한민국 소프트웨어 내수 규모는 162억 달러인데, 수출액이 5억 달러밖에 안됩니다. 그러나 같은 시기의 인도는 소프트웨어 내수는 24억 달러인데 수출액이 172억 달러나 됩니다. 한국과 완전히 반대입니다. 인도형으로 수출이 많은 진정한 소프트웨어 강국 만들기에 앞장설 것입니다. 미래는 예측하기보다 만들어 가는 것이 훨씬 편하다고 생각합니다. 여러분들도 꿈을 가지고 뜻을 펴기 위해 더 많은 시간을 들여서 공부하기 바랍니다. 감사합니다.

사회 디자이너의 이야기
(Social Designer´s Story)

박원순
희망제작소 상임이사

오늘 내가 여러분들한테 준비한 내용은 사회 디자이너의 이야기(Social Designer´s Story)입니다. 조금 있다가 보겠지만 명함에도 소셜(Social) 디자이너라는 직함을 쓰기 시작했어요. 여러분은 이런 직업 들어봤어요? 세계 최초로 내가 만든 직업입니다. 이 직업이 언론에 알려지니까 진짜 디자이너들이 초청을 해서 강연까지 하게 되었습니다.

나는 디자인이라고 하는 모든 것이 우리 모두가 생각할 수 있는 것이기 때문에 여러분들도 미래에 비전을 하나씩 가질 수 있지 않을까 하는 생각에서 지금부터 내 얘기를 하려고 합니다.

여기(사진 1) 보면 소셜(Social) 디자이너라고 써놨죠. 소셜 디자이너로서 지난해에 '희망제작소'를 만들어 처음에는 사회 창안

△ 사진 1

(Social Invention)이라는 것을 했습니다. 인터넷에서 한번 찾아보세요. 사회창안연구소(Institute for Social Invention)가 런던에 있더라고요. 세상이 변화할 수 있는 아이디어들을 시민들이 웹사이트에 올리고 시민들이 그것을 평가하는 시스템입니다. 올라온 아이디어들에 많은 시민들의 아이디어가 보태져서 성숙되어 가는 것이죠. 그렇게 모여진 아이디어들이 《지구를 입양하다》라는 책으로 출판되었습니다.

이 과정을 보고 희망제작소에서도 '사회창안센터'라는 것을 만든 것입니다. 우리는 1년밖에 안 됐지만, 행정자치부, 한국일보사와 차례로 협약을 맺어 실제 행정에 반영하고 있습니다. 영국보다 훨씬 더 빨리 확산되고 있지요. 구체적인 사례를 들어 설명하겠습니다.

우리나라 지하철 손잡이의 경우 길이가 다 똑같이 되어 있잖아요? 어린 아이나 키가 작은 사람에게는 좀 높은 편이죠. 일본의 지하철 손잡이는 길이가 다릅니다. 그래서 내가 아이디어를 냈습니다. 그랬더니 지하철 공사에서 너무 좋은 아이디어라며 바로 반영한다고 했습니다.

또 다른 사례로 '임산부 배려 캠페인'이 있습니다. 임신 초기 여성이 올린 아이디어인데요. 임신 초기에는 배가 많이 부르지 않아서 임산부를 다른 사람들이 잘 알아볼 수가 없습니다. 그런데 그 3개월~4개월이 제일 조심해야 할 시기라고 합니다. 그래서 임산부임을 표시해서 다른 사람들이 보호할 수 있고, 지하철이나 버스에서도 자리를 양보할 수 있게 하자는 것이지요. 그 아이디어를 씨앗으로 하여 지하철과 버스에 초기 임산부에게 자리를 양보할 수 있는 스티커도 붙였고, 여러 산부인과에서는 배지도 배치하게 되었지요.

보세요. 이런 아이디어들을 자꾸 모으고 구체화해서 현실의 작은 변화를 만들어 낸다면 사회는 건강해지겠죠? 여러분들도 주의 깊게 주변을 보세요. 개선의 여지가 있는 것들이 눈에 보일 겁니다. 포기하고 지나치는 것이 아니라 변화할 수 있는 쪽으로 생각을 바꾸면 그런 아이디어들이 막 생겨날 겁니다.

소셜 디자이너 말고도 다른 재미난 직업들을 소개하면, 여기 보시면 은행장을 하셨던 분이 은퇴하고 저널리스트(Journalist) 활동을 다시 하기도 하고, 전국의 백수들을 모아서 '전국백수연대'를 조직하고 대표로 취임한 사람도 있습니다. 지금은 백수 탈출은 물론이고 서울시로부터 지원금까지 받습니다. 나는 젊은이들이 대학을 졸업하고 할 일이 없다는 것을 이해하기가 어렵습니다. 찾으면 도처에 할 일이 참 많은데……

우리나라 직업의 수가 일본의 절반 밖에 안 된대요. 직업을 못 찾았으면, 여러분들이 직업을 만들면 되잖아요. 내 명함을 받은 어떤 분이 다음에 나를 만나러 와서 에듀케이션 디자이너라는 직업을 만들어 소개하더라고요. 또 이런 직업도 있습니다. 아주 젊은 여성인데 GO(Good Designer)라는 직업이었습니다. 돌아가신 강국진 화백의 재산과 그림을 관리하고 화백의 추모전도 기획하는 일을 하시는 분이었어요. 개인 컨설팅을 하는 직업을 본인이 만든 것이죠.

일본에는 '가와리모노'라는 사람들이 있습니다. 평생 한 주제를 가지고 계속 공부하고 연구하고 책도 쓰고 강연도 하는 사람들을 말한다고 합니다.

지금부터는 나와 세계여행과 직업여행을 함께 하겠습니다.

이곳(사진 2)은 뉴욕 맨해튼의 Seventeen State라는 일반 건물입니다. 이 건물 앞에는 Public Space라는 표시가 있습니다. 개인의 건물이지만 공공에게 열린 공간이라는 표시입니다. 누가 소유하고 누가 관리하고 있는지도 써 있습니다. 여러분 가운데 누군가 도시라는 공간에 좀더 많은 공공의 공간이 필요하다는 생각을 한 사람이 있다면, 우리나라의 Public Space 운동을 추천합니다. 이것이 하나의 직업이 되는 것이죠.

이곳은 베를린 시청입니다. 이분은 도시개발 국장이고요. 재미있는 것은 강을 중

△ 사진 2

△ 사진 3

심으로 베를린이라는 도시가 어떻게 발전하고 있는지 미니어처로 만들어서 보여주고 있다는 것입니다. 말하자면 시(市)에서 도시의 미래 모습을 시민에게 보여주고 설명하는 열린 행정 장치인 것입니다.

런던도 비슷한 일을 하는 곳이 있었습니다. 건축에 관련이 있는 민간재단인데, 변화할 건물과 현재의 도시를 구별하여 런던 시내를 보여주고 있었습니다. 시민들이 와서 앞으로 우리 런던이 어떻게 바뀌는지를 다 알 수 있는 거죠. 그리고 실제로 이 주변을 보면 어떤 프로젝트에 대해서 굉장히 자세하게 써놓고 있습니다. 아까 말한 Public Space에 관한 말도 있고요. 또 지구의 발전 계획에 대해서도 설명을 하고 있습니다.

이에 견주어 우리나라의 경우는 많이 부족하죠. 서울은 관계자 외에는 서울시의 계획을 알 수가 없습니다. 그래서 여러분들 가운데 누군가가 이런 걸 만드는 운동을 해야 한다는 거죠.

다음(사진 3)은 독일에 있는 한 건물입니다. 이 건물 벽을 보세요. 글씨가 써 있죠? 기업의 광고가 아니고, 하이네의 시입니다. 여기를 오가는 시민들이 하이네의 시를 보고 다니는 거죠. 이럴 때 독일어를 읽을 수 있다면 외국여행도 다르겠죠?

여러분 20대가 할 수 있는 것들이 너무도 많습니다. 외국어 공부, 인턴십, 봉사활동, 배낭여행, NGO활동, 다양한 아르바이트 등 다양한 인생 경험을 최대한 많이 하세요. 내가 신입사원 면접을 본다면 학교성적이 우수한 사람보다 어떤 경험을 했는지를 보고 결정할 것 같으니까요. 희망제작소에서도 인턴을 모집합니다. 저희는 철두철미하게 일을 시킵니다. 과제를 정확히 주고, 맡은 몫을 수행하게 합니다. 함께 팀원으로 참여하여 프로젝트 수행을 돕기도 합니다. 강원대학교 학생 하나는 계속 밤샘을 하고 있습니다. 그렇게 하고 나면 인턴에게도 확실하게 도움이 되죠. 그래서 나는 대학생들에게 기회를 만들어서라도 경험을 많이 하라고 권합니다. 그런 것을 100번만 하고 나면 여러분 스스로 진로를 자신 있게 결정할 수 있을 것입니다.

이것(사진 4)은 독일의 지하철역입니다. 역에 써 있는 글은 세

△ 사진 4

계인권선언 20조입니다. 지하철을 타는 사람들이 이곳을 지날 때 세계인권선언의 정신을 생각해 보게 하는 것이죠. 정신이 살아 있잖아요. 내용이 있고 영혼이 있잖아요. 그러니까 한 도시를 설계할 때 하드웨어를 만드는 것도 중요하지만, 이런 영혼이 있는 도시를 만들어야 한다는 생각도 해야 합니다.

중세시대가 그대로 남아있는 브레멘이라는 곳이 있습니다. 브레멘이라고 하면 음악대가 생각나죠? 세계의 모든 사람들이 브레멘에 가지 않고도 이야기로 브레멘을 알고 있습니다. 스토리 하나가 도시를 알릴 수 있는 것이죠.

호주 멜버른은 도시의 역사가 사실은 얼마 안 된 도시잖아요. 그런데 그 도시를 걸어보면 백 년, 몇 백 년, 천 년은 되어 보여요. 왜냐하면 건물을 하나 뜯고 새로 짓기 위해서는 반드시 그 건물의 흔적을 남기게 되어 있어요. 이런 도시정책으로 신생 도시지만, 역사를 쌓아갈 수 있는 것입니다.

우리나라의 예로 종로 2가에 피아골이라는 데가 있습니다. 조선시대 때, 양반에게 엎드려 절하는 것을 귀찮아 한 서민들이 만든 골목이라는 유래가 있습니다. 그런데 지금은 상당한 부분을 없애 버렸지요. 우리나라는 역사는 오래 되었지만, 그 역사가 간직하는 많은 부분들을 개발 논리로 없애고 있습니다. 외국 사람들이 관광을 오면 어디를 보여줄지 모르겠습니다.

한국적인 것을 보여줄 곳이 점점 줄어듭니다. 외국 관광을 한다는 것은 여러분들도 해봤겠지만, 그 나라의 사회, 문화, 역사적인 특성을 보고 경험하러 가잖아요. 자기 나라에서 흔히 볼 수 있는 곳을 왜 보러 가겠습니까? 우리는 지금 관광의 콘텐츠를 스스로 없애버리고 있는 것입니다. 지금부터라도 여러분들이 역사적인 유적, 유물뿐만 아니라 자연 환경까지 보존하는 내셔널트러스트 운동에 동참하면 좋겠습니다. 이 운동은 이제 시작입니다. 더 많은 사람들의 동의와 동참이 필요합니다.

이것(사진 5)은 과거 나치시대의 유적입니다. 기억하고 싶지 않은 역사지만, 그대로 보존하여 보여주고 있습니다. 그때의 교훈을 계속 알려주고 교육하는 것이죠. 이 돌멩이도 그런 것입니다. 집 앞에 요렇게 작은 돌멩이에서 하이베벤이란 사람이 1874년에 태어나서 1942년에 강제 수감되었고, 1942년에 죽었다는 것을 볼 수 있어요. 살아간 많은 사람들의 발자취가 이런 식으로 다 남아서 역사가 함께 숨 쉬는 도시, 이런 것들을 우리가 만들어야 되죠.

우리도 한국전쟁의 기억들을 보존하여 남겨야 하는데 그렇게 하지 못하고 있습니다. 미군이 옮겨간 용산기지 터 1/3에 서울시가 아파트를 짓겠다고 얼마 전에 발표를 했습니다. 여러분들은 이런 발표를 듣고 강의실에 있을 수 있나요? 가서 보존하라고 말

△ 사진 5

△ 사진 6

해줘야지요. 이 도시가 누가 살아갈 도시입니까? 여러분이 살아
가는 도시 아닌가요?

이것(사진 6)은 독일의회 건물입니다. 이 사진을 보시면 지붕이
유리로 되어 있는 것을 볼 수 있습니다. 위에서 보면 아래가 다
보여요. 시민의 대변인으로 투명한 의회 활동을 하겠다는 정신이
건축에 담겨 있는 상징적인 표현입니다. 대한민국 국회는 어떻게
되어 있습니까? 내가 한 번은 비오는 날 회의가 있어서 국회 정
문으로 갔더니 양탄자가 깔려져 있고 일반인은 못 들어가게 되어
있었어요. 그래서 할 수 없이 비를 맞고 뒤로 돌아서 들어간 적
이 있습니다. 국민은 뒤로 들어가야 하는 국회예요. 나는 여러분
들이 이런 말도 안 되는 불합리한 것들을 쫓아다니면서 인터넷
사이트도 만들고 방송국도 하나 만들면, 그것도 성공할 것이라고
봅니다. 재미있죠? 오늘 한번 보세요. 내가 말한 것에 여러분들이
앞으로 할 만한 직업을 이야기하고 있는 겁니다. 그렇죠?

옛날 테임즈 강변에 있던 화력발전소는 예전의 유물을 현대의 목적에 맞게 개조한 좋은 예입니다. 이 화력발전소를 테이트모던 현대미술관으로 개조해서 사용하여 아주 명소가 되었죠. 이것은 독일의 제철소입니다. 한때 흥했던 산업이 쇠퇴하여 쓸모없게 된 곳을 그대로 보존하여 공원으로 만들었습니다. 이것 자체를 산업화 시대의 산업 공원(Industrial Park)으로 만들었더라고요.

이곳(사진 7)은 숄터라인이라는 곳입니다. 이걸 보면 광산지역이었던 걸 알 수 있죠? 이 지역 사람들이 잘 보존하여 세계문화유산에 등록해서 지금은 관광지로 유명해졌습니다. 디자인센터나 유치원으로 재생된 겁니다.

우리나라의 경우도 이런 곳이 있습니다. 한때 탄광으로 유명했던 태백이 지금은 유령도시가 되어 있습니다. 그래서 주민들이 도시 재생을 위해 여러 가지 궁리를 한 끝에 정한 것이 카지노 유치입니다. 아직 우리나라는 문화보다는 돈이 우선시 되니까요. 대구도 비슷한 경우입니다. 옛날에 염색 도시, 의류 도시로 성장을 했는데, 그게 쇠퇴하니까 도시가 침체되었죠. 그래서 '밀라노프로젝트'라는 이름으로 서민패션 도시를 만들려고 했으나, 문화의 힘이

△ 사진 7

△ 사진 8

하루아침에 되는 것이 아니어서 결국 성공을 못했죠.

앞으로 21세기는 디자인과 문화예술이 가장 핵심적인 방향이라고 생각합니다. 현대자동차가 몇 조(兆)의 이익을 만들고, 조선 공업이 세계 1위라고 하지만, 이것이 영원한 것이 아닙니다. 한때 유럽이 그랬듯이 언젠가 다른 개발국에 뺏길 수밖에 없습니다.

창조 도시는 그냥 만들어지는 것이 아니라, 창조적인 생각을 어렸을 때부터 훈련받은 사람들에 따라 만들어지는 것이라고 생각합니다. 이것(사진 8) 보십시오. 이건 독일의 어느 어린이 놀이터입니다. 무슨 유격훈련장 같죠? 우리나라 놀이터에서 보는 미끄럼틀, 시소, 그네, 철봉은 없어요. 이렇게 모래와 송판만 있는 놀이터, 나무를 거꾸로 세워놓은 놀이터도 있습니다. 그 지역 주민들이 아이들을 위해 어떤 놀이터를 만들까를 여러 번 회의를 해서 만든 각기 다른 지역의 다른 놀이터들입니다. 여러분 가운데서도 한국의 유아교육에 새로운 대안을 만들 사람들이 나왔으면 좋겠습니다. 획일적이지 않은 사람을 배척하는 교육이 아니라 아이들의 다양성과 기발함을 키울 수 있는 놀이터를 만드는 직업을 창조해 보세요. 여러분, 이렇게 따지면 새로운 직장이 정말 많을 것 같지요?

마지막으로 여러분에게 보여줄 것이 있습니다. 서울역에서 여러분들의 인생 후배들이 기차를 타고 있어요. 그 기차는 시베리아를 지나고 모스크바를 지나서 프랑스까지 가는 기차입니다. 앞으로 5년이 지나면 이런 그림이 현실로 다가올 것입니다. 이미 지난해 세계 여러 나라의 철도청장들이 모여서 아시아의 철도라인에 관한 회의를 했고, 지금 강원도 고성에는 금강산역에서 KTX가 시동을 켜서 기다리고 있어요. 그리고 신문을 보면, 얼마 전에 이미 남북 철도 연장 합의를 했다고 합니다. 만약에 철도라인이 그렇게 연결이 되면 연해주가 우리 가까이 오게 됩니다. 대륙으로 가는 길이 열리고, 대륙이 여러분의 무대가 될 날이 얼마 남지 않았어요. 큰 꿈을 가지세요. 여러분들을 기다리는 곳이 너무나 많아요. 고맙습니다.

내 맘대로 하다 보니
네 맘에도 든다더라

강우현
(주)남이섬 대표이사

안녕하세요. 내가 실은 옛날에 1981년인가 1982년에 강의를 처음 한 곳이 유한공업전문대학 산업디자인과였어요.

그런데 지금 밤늦은 시간인데, 여러분들 요새 잠 부족하지 않아요? 부족하죠? 과제 하느라고? 전부 불 좀 꺼주세요. 잠잘 수 있게. 이 늦은 시간에 공부가 잘 되겠어요? 공부하지 않아도 되게 전깃불을 다 꺼주세요. 완전히 꺼주세요. CC 카메라도 찍을 수 없게. 어때요? 다 꺼주세요.

지금부터 잠자는 시간을 만들겠습니다. 잠잘 때는 조용히 해줘야지 다른 사람이 잠자는 데 방해가 안 됩니다. 백지를 상상해 보기. 백지 상상, 자는 학생들은 눈 감아도 좋고, 떠도 좋고. 여러분들 자유. 백지 상상.

백지엔 아무 것이나 그릴 수 있어 좋고, 무슨 생각이든 담을 수 있어 좋습니다. 생각은 생각을 낳고, 모양이 모양을 만듭니다. 잘 사람은 자고, 볼 사람은 보세요. 상상시대. 상상은 자유입니다. 그리는 것도 자유입니다. 상상은 상상을 낳고, 자유가 자유를 줍니다. 자유상상시대(自由想像時代).

내 마음대로 상상하기, 엉상법

지금은 상상테크 시대, 상상 리더십 시대. 무슨 뜻인지는 각자가 생각할 수 있을 거예요. 상상표현 시대, 시너지 상상 시대, 역발상 시대, 상상으로 상상을 디자인하는 상상브랜드 시대입니다. 상상이란 뭐냐? 미루어 생각하는 것. 이것은 공부 얘기 같은데 그럼 자야 돼요. 국어사전 찾아보고 상상이란 무엇인가 개념 찾으면 졸려집니다. 하지만 엉상법이라고 들어봤나요? 내가 만든 법입니다. 엉터리 상상법. 엉터리 상상법에 따르면, 상상이란 떡 줄 사람은 생각도 않는데 김칫국부터 마시고 생각의 잡탕밥을 맛보는 나 홀로 밥상, 남이야 전봇대로 양치를 하든지, 토끼가 거북과 헤엄을 치든지, 새를 타고 날아다니거나 옥상에서 붕어 잡이를 하든지, 동굴 속의 이무기가 여의주를 갖고 놀든지, 생각의 자유를 만끽하는 자유 연습, 그래서 상상은 나 혼자만의 자유 연습 시간입니다.

마인드가 행세하던 시대를 지나 지금은 상상력이 마인드를 이끄는 시대. 그러나 무한한 상상도 실천하겠다는 의지가 없으면 공상망상(空相妄想), 생각하나 마나 허사(虛事), 말로만 떠드는 나 홀로 몽상가들, 말로만 잘난 사람들 많지요. 하지만 그들은 자기의 몸 생각이나 하는 웰빙시대 사람, 의지 강한 이들을 위해 웰빙시대는 가고 윌빙시대가 옵니다. Well-being에서 Will-being으로!

자유로운 상상이 예술을 낳고 상상(想像) 생각이 느낌으로 다가오면 구상(構想), 새 것이 새 것을 낳습니다. 이것을 창조(創造)라고 합니다. 디자인적 상상력이 창조의 원천이 되는 상상 디자인 시대. 상상력을 일깨우는 장난끼, 일상의 언어를 비틀어 보는 말장난, 먹장난, 유치한 말장난도 창조 상상의 시작입니다.

도산 직전의 남이섬이 한국의 대표 관광지로 소생한 것은 장난 같은 상상들을 디자인으로 보여주었기 때문입니다. 남이섬의 디자인이란 뭐냐?

섬 밖 사람들이 남이섬을 상상하게 하는 일이 첫 번째이고, 남이섬이 생각나면 섬으로 오게 하는 일, 남이섬에서는 자신의 눈으로 보물을 찾아내게 하는 일, 자신이 한 경험을 영원히 잊지 못하게 하는 일, 그리고 스스로의 판단으로 다시 찾아오게 하는 일이 남이섬 디자인의 기본 개념입니다. 하지만 남이섬에서는 디자이너의 언어로 말하지 않습니다. 내가 디자이너라고 해서 내 말로 하면 상대방이 못 알아듣는구나. 디자인을 버려라!

손님들이 가장 잘 아는 단어로 말합니다. 그리고 손님과 함께 이미지를 만듭니다. 먼저 마음을 디자인하고, 표정을 만들어줍니다. 남이섬에는 주제나 컨셉이 정해져 있지 않지만, 손님이 자신의 주제와 컨셉으로 느낌을 만듭니다. 절반은 디자이너가 잡아주고, 나머지는 손님이 완성할 수 있게 하는 것이 인터액티브 시대의 디자인입니다.

그래서 오늘은 유치한 이야기, 장난 같은 이야기, 불장난, 말장난, 먹장난, 장난의 난장, 난장 같은 상상 마당, 유화 그리듯이 덧칠해 가는 남이섬의 이야기, 어떤 그림이 될지 누구도 모릅니다. 남이섬이 어떻게 변할지, 요렇게 생긴 남이섬, 강 속에 있는 남이섬, 어느 날은 갑자기 물고기가 되었다가 새가 되었다가 나뭇잎이 되었다가, 매일 바뀝니다. 나무가 되었다가, 숲이 되었다가, 사람이 되었다가, 가지고 놀다가, 원두막으로 배를 만들어서 북한강 작은 섬에 상상나라 만들기, 내 맘대로 하다 보니, 네 맘에도 든다더라. 고객만족. 이게 맘에 드나요? 지금 이 시간, 시작도 결론도 없는 섬 디자인 이야기 시간입니다.

'아니 불(不)' 자를 치워라

나는 불장난을 좋아합니다. 연애하는 거나 불꽃놀이가 아니고 불만(不滿), 불행(不幸), 불안(不安), 부족(不足), 부정(不正), 불쾌(不快), '不' 자가 들어가는 무수한 글자들, 이렇게나 많아요. 더 따져보면 사전에 더 많이 나온답니다. 하지만 '不'을 지우거나 없애버리는 일, 원래의 뜻을 되살리는 일을 좋아합니다. 내가 좋아하는 건 '아니 불(不)' 자를 치우는 일입니다. '不' 자를 치우기.

서울에서 63킬로미터, 청평댐이 생기면서 만들어진 모래섬 남이섬. 이 사진은 40년 전의 모습입니다. 아무것도 없지요? 평상시엔 육지, 비만 오면 섬이 되던 북한강 땅콩 밭, 행정구역은 강원도 춘천시, 입구는 경기도 가평군, 면적은 약 14만 평, 여의도의 5분의1, 1965년에 매입해서 주식회사 남이섬이 소유, 관리하고 있죠. 매표소를 지나서 가평 선착장에서 배를 타고 6분쯤 들어가면 인어공주상이 반겨줍니다. 남이장군 묘가 있어서 남이섬, 600 미터나 되는 잣나무 길을 따라 자작나무 길을 지나 튤립나무 길을 따라 가도, 골프장으로 쓰이던 잔디밭을 지나 타조들을 따라 천천히 걸어가도 줄지어 서 있는 은행나무들, 장군상들이 맞이하는 남이섬의 상징 '메타세쿼이아 길'에 이릅니다.

〈겨울연가〉 촬영지로 세계에 알려지기 시작한 남이섬, 그러나 5년이 지난 지금은 주인공들의 동상과 드라마 카페만 흔적으로 남아있지요. 40년 동안 심어 가꾼 300여 종의 수목들과 울창한 숲에 둘러싸인 한류 대표 관광지 남이섬. 그러나 지난 40년 동안 버려진 땅이었습니다. 1970~1990년대 대표적인 추억의 남이섬 유원지. 청평, 강촌 유원지, 대성리 유원지, 북한강 3대 유원지. 하지만 남이섬은 좋지 않은 유원지. 이런 오명을 가지고 있었지요. 추억을 빙자한 행락객들의 해우소. 10년, 20년, 30년 전엔 와서 실컷 놀고 고성방가 무질서에 패싸움까지. 점잖게 앉아서 있다가 '밥 먹자', 그러면 반주 한 잔. 누구 노래시킨다 하다가 안 나오면 쳐 들어간다 춤추고 하다가, 옆의 사람 시비 붙으면 그냥 싸웁니다. 피가 터질 때까지 싸워요. 그러고서는 남은 사람들 누군가가 경찰서에 신고하죠. 섬이니까 경찰이 금방 올 수 있나요? 한참 걸려요. 1시간, 2시간이 지나서 들어오면 다 화해하고 떠나 버렸다. 참을 수 없는 행락 스피커의 소음들, 유원지 소음들. 아시지요?

알록달록한 천박함, 돈 되면 뭐든지 하려는 임대업자들, 추억을 갉아먹는 싸구려 방갈로들, 알량한 이권 다툼의 전쟁터, 그러나 뜻대로 고칠 수도 없는 상수원(上水源) 보호지역, 속수무책(束

手無策), 아무 것도 갈 수 없는, 놔둘 수도 없고 치울 수도 없을 속수무책 유원지 문화가 쇄락하고 IMF 소용돌이 속에서 경영이 악화됩니다. 유원지 문화가 서서히 침몰 위기를 맞이합니다. 침몰. 회생불가(回生不可), 다시 살아날 수 없죠. 대출불가(貸出不可), 돈도 안 빌려주죠. 매각불가(賣却不可), 팔 수도 없다. 오로지 불가능, 모든 것이 불가능.

2001년 5월에 마침내 사형선고를 받습니다. 회사가 사형선고를 받는 것은 '땅 팔아서 빚 갚으세요. 그리고 당신들은 경영에서 손 떼고 다 나가세요'입니다. 불가능, 불가만이 능사이던 유원지 시절, 바가지 요금에 놀고 먹고, 비전 없고, 손님도 없고. 그래도 가진 것이 불가능, 불가능 밖에 없다면, 그것뿐이라면 불가능을 팔아라. 대신 '아니 불(不)' 자만 팔아라. '不' 자만 지울 수 있다면, 덮어버릴 수만 있다면, 남는 것은 가능(可能) 하나뿐이리라. 대부분의 사람들은 가능한 걸로 시작해서 될 줄 알았더니, 안 되더라. 애당초부터 안 되는 건? '不' 자만 지워라. 완전히 '不' 자만 지워라. 남는 것은 가능 하나뿐일 테니까.

2001년 9월 1일, 아예 차라리 뒤집어볼까? 남이섬 대표이사를 맡았습니다. 나 같은 사람, 나는 원래 디자이너입니다. 그래픽디자이너죠. 그림 그리고, 관광 경험도 없는데 나한테 전권을 위임해서 남이섬을 뒤집어달라. 네, 남이섬을 뒤집으러 내려왔습니다.

역발상(逆發想) 실험이 시작됩니다. 어차피 죽을 거, 어차피 망할 회사, 이렇게 해도 망하고 저렇게 해도 망하고, 기왕이면 애를 쓰다가 망하는게 좋죠? 말장난부터 시작합니다. 살아난다는 방식, 고작 말장난. 유원지는 관광지로 반대말을 만듭니다. 소음을 리듬으로, 경치는 운치로, 이렇게만 된다면 소원이 없겠구나. 말장난이지만, 반대말이지만, 유원지가 관광지 되고, 소음 대신 리듬으로, 경치가 운치로, 그런데 막상 하려고 보니까 돈이 없어서 못하겠다, 이 말이지요. 망하려는 회사니 돈이 없지요. 옛날에는 돈 없으면 어떻게 해서 쓸까? 꿔다 썼죠. 꿔다 썼으니까, 이자가 이자를 낳고, 또 이자가 이자를 낳죠.

네, 돈 없으면 벌어 쓰세요. 일 못하면 가르치고, 버릴 것은 다시 쓰고, 남 하는 것은 하지 말고, 장점은 살려라. 강점으로 승부하라. 장점, 장점이 뭐냐? 누구나 할 수 있는 것. 사지가 멀쩡해서 걸어다닐 수 있는 사람, 신체가 건강해서 일할 수 있는 사람, 무슨 일이든지 할 수 있는 사람. 장점은 살려라. 강점으로 승부한다. 아무나 할 수 없는 것, 남이섬만 할 수 있는 것, 남들이 안 하는 것, 이 세상에 없는 것, 그것을 찾으시라.

강점은 독약과 같습니다. 청개구리처럼 일단 거꾸로, 반대로 아예 반대로만 합니다. 벤치마킹하러 돌아다니는 사람들, 여기 잘됐나 저기 잘됐나 잘된 집 돌아다니면서 짜깁기하는 사람들, 그런 거 좋아하다가는 평생 벤치마킹 좋아하는 사람들, 평생 벤치만 마크하면서 살아갈 것이요. 벤치마킹 하지 말라. 김선달처럼 맨 땅에 헤딩하기, 돈 있으면 누군 못하나요? 돈 있으면 당신 시키겠어요? 더 잘하는 사람도 많은데. 맨 땅에 헤딩하면서 땅도 깨지지 않고 머리도 망가지지 않게 하는 방법, 거기서 아이디어와 지혜가 나오는 법이다. 때로는 땜빵으로, 호미가 필요할 땐 호미로 막으면 되는데, 꼭 가래로 막으려고 계획 짜 놓은 사람들. 바람이 불어오면 일단 창문을, 집을 새로 지어야 되는데 이왕이면 제대로 해야지, 하지 말고 바람이 불어오면 문틈부터 막으시라. 윷놀이하면서 개를 쳐서 이기는 사람 봤나? 못 봤을 걸. 연습인지 전쟁인지 분명히 하라. 만약에 이기고 싶다면 도를 쳐서 빽도를 하든지 아니면 모를 쳐서 빨리 나아가라.

그러나 성공한 다음에는 반드시 뒤를 캐는 것이 한국 사회. 성공 다음을 상상해서 투명 경영을 하고 문자도 바꿉니다. 아는 문자는 모두 남이섬 식으로 다시 바꿔요. 교과서 치워라. 교과서 몰라서 못하고, 교과서가 잘못 돼서 세상이 이 모양이 된 것은 아니지요? 언어, 디자인이란 말……. 아전인수(我田引水), 아전인수란 남이섬에선 남이섬이 중심이라는 뜻. 여기서는 유한(柳韓)이 중심이라는 뜻. 낡은 시설은 낡음을 판다. 이열치열(以熱治熱), 하고 또 하고 될 때까지 하시라. 설상가상(雪上加霜), 깐 이마 또 까기. 동상이몽(同床異夢), 아이디어는 많을수록 좋은 것이오. 아이디어를 가지고 토론하는 사람들. 바보들의 행진. 아이디어는 날이 서고 각자 개성이 있어야 하는데 그걸 가지고 의견 수렴한답시고 토론하는 사람들. 하고 또 하고 될 때까지 하시라. 목표는 직공(直攻)하지 말라. 성동격서(聲東擊西), 물고기 잡을 때 고기를 건드리지 말라. 고기가 도망가면 아무 것도 할 수가 없지. 좌충우돌(左衝右突), 여기저기 일단 부딪혀 보고, 회의나 하면서 이럴까 저럴까 연구만 하지 말라. 회의하는 사람들, 의견이 자신의 것으로 결정되면 회의에서 정했다고 말하지요. 회의해서. 책임을 안 지려고 그런 사람들이 회의를 합니다.

공동 책임은 무책임. 좋은 건 좋은 것끼리 골라쓰고 나쁜 건 나쁜 것끼리 골라라. 유유상종(類類相從), 선택과 집중을 분명히 하시라. 합종연횡(合從連橫), 전지전능한 멀티플레이어가 되시라. 그러나 자나 깨나 꿈과 희망만 생각하면서. 비몽사몽(非夢似夢), 가고자 하는 목표를 잃지 마시라. 돌을 던져놓고 길을 물으시라. 해야 할 일이 있다면 자신만만 정정당당하게 기고만장(氣高萬丈)한 모습으로 지금 당장 현장으로 달려가시라. 여기서만 생각하지 말고 비가 오면 비오는 대로 다 보라.

생긴 대로 써먹고 가진 것으로 승부하라

더운 여름이 싫었다면 9월부터는 눈 뿌리고 시원하게 만들면 되는 것이지요. 새해맞이는 10월부터 빼꼼, 2007년도 새해는 10월부터. 아, 봄이 벌써 왔네, 새해가 먼저 왔네, 사진을 찍게 되지요? 크리스마스 캐롤은 11월부터, 어차피 크리스마스는 다가오는 것. 미리 기다리는 거지요? 11월부터 기다려라. 그러다 보니 가을이 미처 가지를 못하고 겨울이 다가옵니다. 가을과 겨울을 한 눈에 바라볼 수 있는 것. 그러니 사진찍는 동호회들이 사방에서 몰려들지요. 전국에서.

술병은 꽃병으로 용도를 바꿔라. 잡초는 화초로, 개념도 바꿔라. 쓰레기는 쓸 애기로 기능도 바꿔라. 남이섬을 남의 섬으로 입장 바꾸기, 남들이 쉬는 곳이지요. 우리가 쉬는 곳이 아니지요? 주인 같은 머슴, 머슴 같은 주인으로 체면 좀 바꿔라. 그리고 하나, 둘, 셋, 사진 찍을 것을 많이 만드시라. 거대한 시선이 중요한 것이 아니라, 내 카메라, 당신의 카메라가 들어갈 수 있는 만큼만. 하지만 매일 바뀌는 것 좋아할 직원이 있겠습니까? 없지요.

궂은 일 마다하지 않는 부지런한 직원들. 80세로 정년 연장, 평생을 보장하며 죽을 때까지 일하세요. 지금 보통 직장을 잃을까봐 정년퇴직 걱정해서 이것저것 또 공부도 하고 사오정이니 오오정이니 나오지요? 지금 남이섬의 최고 고령자는 76세. 정년까지 채우지 못하고 돌아가는 분들이 더 많습니다.

손님들이 버린 술병들, 그냥 팔면 40원, 공병으로 팔면 40원, 꽃병을 만들어 팔면 4천 원, 만드는 방법을 알려주면 6천 원. 프로그램 아이디어 시대입니다. 공짜로 주운 쓰레기들이지만 숲 속에 쌓으면 야외 조각, 호텔에 쌓으면 인테리어 재료가 되고, 정원에 쌓으면 관광조형물. 아예 쓰레기 정원을 만들어 볼까? 남이섬 이슬정원, 남이섬에서 가장 먼저 이슬이 내리는 곳. 모든 쓰레기들을 다 모아서 조형물을 만든 정원은 어떨까? 쓰레기 조형물이 중심인 관광지, 쓰레기로 만든 정원이 어딨나요? 그러면 찾아와서 사진을 찍습니다. 왜 이슬정원일까요? 여기는 4천 개가 넘는 술병들이 99퍼센트가 참이슬병입니다.

버릴 것들은 모두 디자인 소재가 되지요? 가지치기한 나무들, 나무토막들을 수천 개를 벽에다 붙이면 훌륭하게 벽화로. 낙엽들, 무심한 바위덩이, 돌길 바닥, 아이디어 소재가 됩니다. 헌 장갑, 바닥에 휘날리는 꽃잎들, 맷돌 하나, 바닥의 깔판, 추억의 낙서판이 되고, 압축 캔은 조형물, 자투리 합판도 조형물. 쓰레기 소각재료로 도자기를 만들고 스티로폼은 행사용품으로, 버리는 스펀지는 간판재로. 깨진 술병들, 버릴 양변기는 화분으로 쓰고, 철판벽면은 일회용 현수막으로. 돈 내고 현수막 만들 일 있나요? 자투리 철판으로 조형 탑을 만들고, 자전거 바퀴도 관광조형물. 어떻게 세우는 줄 아십니까? 세우는 능력을 키우시라. 손님들의 그림자까지도, 벽화로 남깁니다.

건축 폐기물도 눕혀두면 쓰레기, 세우면 조형물. 어떻게 세우는가에 따라 조형물이 되고 쓰레기가 되고. 눕혀 두면 검찰청 가서 벌금내고, 세워두면 《조선일보》가서 환경대상 받고, 나는 두 개 다 해야 했습니다. 상 받으러 갔다가, 벌금 내러 갔다가. 더하거나 빼거나 나누건 곱하건, 삶의 이치는 똑같은 것이라, 어느 곳에 버리나 땅을 더럽히긴 마찬가지입니다. 기왕 버릴 바엔 한 번 더 쓰고 버리는 것이 낫다고 생각합니다. 처음엔 돈이 없어 재활용, 지금은 습관으로 그렇게 합니다. 그러나 가끔은 일하다 말고 잠시 놔 둔 재료들. 사람들이 아, 저것도 작품이겠지? 그리고 사진을 찍어 갑니다. 하지만 사실은 그냥 놔둔거죠.

경사진 땅을 막아서 유수지(留水池)를 만들고, 연못에 못자리 내는 엉터리 조경. 네, 연못에다 갑자기 모를 심었나요? 사람들은 저게 무슨 화초인줄 알지요. 도청에서 얻어온 불자동차, 그러나 불이 매일 나나요? 먼짓길에는 물을 뿌리고, 수영장에는 소나기를 시원하게 뿌려주는 물자동차로. 하늘에서 물 떨어지면 시원하죠?

겨울엔 수영장을 가만히 놔두면 얼어버립니다. 수영장이 20센티미터 두께로 얼어요. 잘라서 얼음 탑을 쌓으면 조형물이 되지요. 겨울 손님 볼거리가 공짜로 생깁니다. 반대하는 사람들, 새로운 걸 할 때 반대하는 사람들. '이거 봄 되면 녹을텐데……' 하면, 네, 봄 되면 녹습니다. 그래서 건축 허가가 필요 없는 건축물. 얼음 건축 이글루 잰다고 허가 낼 필요가 없지요? 허가 낼 동안에 이거 다 녹아버립니다. 샤워꼭지 망가지면 뒤집어서 분수대를 만들고 겨울에 가만히 틀어놓으면 꽁꽁 얼어서 고드름 조형물이 되어서 사람들이 사진을 찍으러 오고.

남이섬에 은행잎이 빨리 떨어지는 게 고민입니다. 서울보다 20일 이상 빨리 떨어져요. 참으로 걱정이지요. 손님들은 저 노란 카페트를 보러 왔는데, 앙상한 가지만 있어요. 그래서 송파 구청장을 만납니다. 낙엽을 어떻게 하나요? 그러니 김포매립지에 갖다 버리는 데 4천만 원 든답니다. 그럼 남이섬에 갖다 버리실래요? 송파에서 얻어온 나뭇잎, 갖다 버리는 곳을 송파 나뭇잎 전용로를 만들어 놓고 겨우 내내 아름다운 관광 상품으로. 그래서 이 길 이름은 송파길. 그럼 송파 산대놀이까지 공연하러 들어오죠. 썰렁한 겨울철에 낙엽을 태우면, 연기가 올라와서 뭐가 꼭 나올 것만 같죠? 연기가 주는 신비감이 향기와 운치를 더해 주고. 황금돼지 달려오는 전설의 고향. 사진 찍으면 전설의 고향 같죠? 모닥불은 겨울 상품, 연기를 따라갔더니 모닥불 고구마, 감자 먹고 싶네 남이섬. 도시에서 맛볼 수 없는 시골 정서, 여기 길가에다가 모닥불 피우면 잡혀가는 거 아시지요? 그리고 타고 남은 재. 그것을 모아 두었다가 장식 타일이나 야생화 화분의 비료로 씁니다.

짝이 안 맞아서 버리는 타일들, 우리 주변에 건재상이나 이런 데 가면 짝 안 맞아서 살 수 없는 것들이 많아요. 쓸 수 없는 것들, 팔 수도 없는 것들. 단추공장에서는 잘 안 팔리는 재고 단추가 걱정이고, 출판사에서는 재고 책이 걱정이고, 제재소 가면 나무가 많이 쌓여 있습니다. 하여튼 용달비만 내면 모두 옵니다. 남들에겐 쓰레기 우리에겐 쓸 애기. 어떻게 쓸 것인가, 쓸 줄 아는 사람은 방법을 찾는 것이 중요하다. 조립만 잘하면 백만 불짜리 벽화가 절로 탄생을 합니다. 이렇게 좋은 재료들이 우리 주변엔 너무 많이 버려집니다.

과연 우리가 잘 살고 있나. 나무토막 하나라도 소중한 재료. 공예품처럼 다듬어서 간판으로 만들고, 다듬어서 씁니다. 남이섬에서나 볼 수 있는 장난끼. 낙서 같은 간판들, 알아볼 수 없는 간판들, 무슨 소리인 줄 모를 간판들. 그러나 내용을 모르면 사진 촬영에서는 최고의 배경입니다. 글자를 모르면 사진이나 찍으면서 가는 거지요. 여러분들 가운데서도 있어 보이는데, 무슨 글자인지도 모르는 티셔츠도 입고 다니잖아요? 폐건물은 전시관, 이 시대에 안 쓰는 건물이 얼마나 많겠습니까? 네, 그렇지요. 거미줄 걷어내고 먼지 털어내고 페인트 칠 잘해서 그림 걸어 놓으면 작은 갤러리. 낡은 현수막으로 무대장치를 하고, 모든 공간을 무대로, 누가 공연하는가에 따라서 품격이 달라집니다. 모든 공간을 무대로, 자연의 소리와 인간의 리듬이 하나가 되는 세상으로. 기모노와 치마저고리, 걸어만 다녀도 패션쇼. 손님들은 남이섬에 문화 콘텐츠가 풍부하다고 말합니다. 하지만 여기 온 저 손님들, 다 자기 각기 행사왔다가 상대방을 보면서 남이섬에서 준비한 행사인 줄 압니다.

사실은 우리는 입장료 받은죄 밖에 없습니다. 2001년 12월 12일에 태어난 성공 드라마 〈겨울연가〉, 그러나 〈겨울연가〉를 잊어라, 주인공도 늙는다. 저 사람들은 2001년도에 찍은 사진입니다. 최지우 씨가 지금 그 때보다 6살 더 먹었다는 사실은 비밀이죠? 저들을 늙지만 눈사람은 수백 년 수천 년 동안 눈사람. 눈사람을 주인공으로 만들어 볼까나? 이 섬의 주인공으로. 왜냐하면 또 초상권 사면 돈 들잖아요?

한여름에 눈사람을 만들고 8자처럼 생긴 건 모두 눈사람, 조롱박도 눈사람. 눈사람처럼 생긴 조랭이떡, 남이섬에선 눈사람 떡국 천 원 받아도 누가 뭐라고 안 해요. 안 먹으면 그만이니까. 아예 눈사람 축제를 벌입니다. 사시사철 눈사람, 녹지 않은 눈사람, 어딜가나 눈사람, 동서남북 눈사람. 그러다 보니 남이섬 눈사람 브랜드 '유키다루마'가 탄생합니다. 남이섬 연가가 눈사람으로 다시 태어납니다. 욘사마, 최지우 씨, 역대 연가로 흘러갑니다. 남이섬 연가. 유일하게 남아 있는 〈겨울연가〉 소품 가운데 자전거. 최지우, 배용준 두 사람이 탔던 자전거. 저 자전거 한 대 때문에 기념관을 만들겠어요, 박물관을 만들겠어요? 그냥 나무에 매달아 놓고 '이게 그 자전거'라고 써놓죠. 그러면 해외 손님이 역시 스타들이 타는 자전거는 다르구나, 하늘로 올라가네, 사진을 찍죠.

손님이 없는 겨울철 남이섬에 호텔이 텅텅 비어 놀고 있는 가운데, 한 달에 만 명도 안 오던 겨울 손님이 10만 명 이상으로 저절로 늘어났습니다. 그러나 시시한 전통은 치워라. 저렇게 생긴 길은 일주 도로는 어디가나 다 있죠? 저게 뭡니까? 치우든지 새로 만들든지 부시든지 해야지요. 이렇게 말하는 사람들이 많습니다. 그렇지만 망해가는 회사가 저거 치울 능력이 있나요? 지나친 대답입니다. 니 마음대로 하세요. 그랬더니 화가가 하얀 칠하고 새 그리고, 벌레 그리고, 사람을 그리고 그랬더니 사람들 이렇게 생긴 길 처음 봤네, 한국에 하나 밖에 없을껄, 우리 사진 찍자. 전에는 김장을 바깥에서 부엌에서 담그다가 지금은 길거리에 담급니다. 조금만 봐도 아주 침 넘어가죠? 저녁밥 먹을 때도 그랬는데, 옆에서 수육을 부글부글 끓이지요? 지나가는 손님들 고기가 있나요? 국은요? 김칫국, 아 여기서 밥 먹자. 그러면 천 포기 담그려고 했던 것이 삼천 포기도 모자랍니다. 그리고 땅에다 묻어 놓으면 김치움막 명소, 수육을 끓였던 부뚜막도 관광 상품이 됩니다. 저절로.

그러나 돈 버는 것만이 목표는 아닙니다. 잘 벌기보다는 잘 쓰기가 중요합니다. 사람들은 대개 돈 벌어야지, 돈 벌어야 잘 살지만, 어디다 쓸 것인지, 쓸 것을 생각하지 않고서 벌고 사는 사람들. 그러다가 여기도 써보고 저기도 써보면서 흥청망청하다가 결국은 졸부 소리를 듣습니다. 절반은 기금으로 떼어 놓고 유니세프국제기구와 시민단체를 끌어들여라. 상업적 요지는 공공의 몫으로 배정해 놓아라. 요지 시설에 있었던 '도깨비 나오는 성'은 유니세프에게 무료로 배정해 주고, YWCA에 나눠 주고, YMCA에도 하나 주고, 환경운동연합도 들려주고 남이섬 환경학교를 만듭니다.

나라, 문화 뭐든지 섞어라

놀이터 대신에 문화 체험, 자연 속에 창작놀이, 국적은 섞어찌개, 내가 한국에서 태어났으니까 한국 사람. 그러나 베트남에서 태어났으면 나는 베트남 사람. 모든 나라를 섞어라. 모든 문화를 섞어라. 뭐든지 섞어라. 모든 나라를 몰아라. 전 세계 책으로 남이섬을 덮어라. 헌 책으로는 집을 싯고, 책을 먹고 마시고 베고

자고 덮어라. 세계 어린이 책이 한 곳에, 청계천 책의 거리도 남이섬으로. 78개국 책을 들고 모여드는 세계 책나라 축제, 아이들의 상상나라, 자유로 자유를 느끼는 창조 상상 놀이터, 세계 전문가들도 한자리에 외교관에겐 사교장, 지식관광의 신호판, 언제 어디서나 섬 전체가 도서관, 책을 만드는 사람들이나 책에서 생겨나는 것들, 두 달 동안의 상상여행, 책도 관광 상품이 될 수 있다는 것, 책 속에서 보고 먹고 배우고 토론하고 잠도 자는 지식관광, 새로운 말장난이 또 시작됩니다. 놀리투어, 놀리지관 투어가 합쳐진 말, 놀리투어.

테이프커팅은 모든 참석자가 가래떡 잘라서 먹어요. 수백 명이 한꺼번에. 남녀노소 누구나 국적불문(國籍不問), 지위불문(地位不問), 하나 둘 셋 하면 내 손으로 자른 건 내가 먹는다. 물만 나눠 주면 행사까지 끝납니다. 노래와 춤은 Feel을 나누는 제3의 언어. 나는 영어를 20여 년 동안 배웠지만 영어회화를 못해요. 답답해 죽겠어요. 하지만 세계 친구를 사귀고 싶어요. 방법이 없을까? 영어로 말하지 않으면 되지 않을까? 영어 빼고 세계화할 수는 없나? 영어는 치워라. 세계청소년공연축제 33개국이 모여서 노래와 춤으로만 말하라. 영어만 말하면 내보낸다. 영어 못하고 리듬을 맞추면서 가락을 맞추면서 놀다 보니까 친구가 됩니다. 배에서도 가로수 길에서도 집 앞에서도 국적과 인종은 달라도 모두 노래와 춤으로만 말하라. 놀고 있는 가운데서도 남이문화가 저절로 자라납니다.

한국에 살고 있는 외국인들은 어디로 놀러갈까? 여러분 생각해 봤나요? 안 해봤을 걸? 나도 잘 안 해요. 우리가 주말에 가족끼리 친구끼리 어디 갈까 생각하지만, 외국인들 100만 명이 넘습니다. 어디로 갈까? 대사관과 함께 '국가의 날'을 만듭니다. 남이섬에 관한. 주한 외국인들이 남이섬으로 피크닉 오는 날, 네셔널데이. 국가의 날은 유럽연합을 필두로 '싱가포르의 날', '중국의 날', '폴란드의 날', '이탈리아의 날', '인도의 날', '호주의 날', '세르비아의 날', '영국의 날', '프랑스의 날', '덴마크의 날'. 먼 나라 이웃 나라 남이섬 곳곳에 국기를 휘날립니다.

한국을 감추면 세계가 옵니다. 태극기를 떼라. 프랑스기 올려라. 국기를 따라 들어오는 피크닉 행렬들. 남이섬에 온 외국인들은 고향 방문한 기분이라고 합니다. 한국 사람들은 외국에 간 기분. 국기는 무당 색깔이죠? 알록달록한 빨강이랑 파랑이랑 초록 흰색 검정 무당 색깔. 굿을 하고 걸어놓으면 사람들이 걸레발이라고 합니다. 그러나 UN은 국기를 모아 놓으면 글로발, 걸레발과 글로발의 차이, '아' 다르고 '어'가 다른 콘텐츠 시대를 우리는 살아가고 있습니다. '아' 다르고 '어' 다르다. 라이벌과 심장 바꿔 달기. 중국에게 라이벌을 하자고 합니다. 라이벌은 잘 지내자고 하는 것. 먼저 남이섬엔 중국 배를 띄워 주고 중국 국경을 넘어 중국 배를 띄워 줍니다. 중국 북경 용경협엔 남이섬 배를 띄워라. 침략관광. 남이섬 여객선이 우리 이름으로 중국 물길을 저어갑니다.

서로 상대방 얼굴에 자기 물감으로 화장해주기. 요즘엔 별난 교류협정 맺자는 곳들이 늘어나서 여의도와 남이섬은 상상연방, 남원과 남이섬은 남씨 교류, 일본 시와는 가로수 길 함께 쓰기, 낙서도 유산입니다. 여러분 벽에다가 낙서하고 싶죠? 누구와 누구 왔다감, 하트 빼고 나면 쓸 것 없는 낙서. 그러나 예술가들에게 맡겨라. 예술가들에게 맡기면 낙서도 작품입니다. 화장실 이름이 바뀌죠. 토일렛이 아니고 토일 아티스트리움. 청소도 그림 그리듯이 낮에 쓸려고 하면 청소부들이 장난만 쳐요. 이게 낙엽 청소하는 거예요. 낙엽도 재료입니다. 매일매일 새벽에 일어나 매일 큰 붓으로 큰 그림 그리는 사람 있으면 나와 보라고 그래요. 우리 청소부의 자존심. 예술가의 흔적을 소중히. 우리는 오늘을 다듬고 예술가는 내일을 이끕니다.

모든 동물을 섬 안에서 자유롭게 풀어주고. 인간의 자유만큼이나 동물들의 자유도 소중하기 때문입니다. 화초는 소중하게 기릅니다. 그러나 잡초는 더욱 소중합니다. 잡초는 우리의 조경 소재이기 때문입니다. 왜냐하면 태어날 때부터 잡초는 태어날 풀이 없다. 인간들은 두 개를 섞어 놓고 잡초라고 이름지었다고 하더라. 모든 생명은 태어난 그대로 내버려 두시라. 나무에는 농약을 치지 말고 그대로 두면 수많은 벌레들이 저절로 생겨납니다. 벌레를 먹으러 온 새들의 똥으로부터 수많은 야생화 씨앗을 얻기 위해서입니다. 똥에서 흘러간 여러 가지 씨앗들.

남이섬에는 여기저기 자갈들이 많습니다. 자갈과 모래가 대적해서 만들어진 섬. 돌멩이도 자산이다. 돌멩이로 탑을 쌓고, 소원도 빌고, 담도 쌓고, 벽에도 조각조각 그림으로 붙입니다. 무수한 자갈들은 아이들의 일기장. 사랑의 낙서들을 땅으로 되돌려 보내고 되돌아갑니다. 아무도 눈길을 주지 않는 것들은 문화의 샘터. 하찮은 돌멩이, 이름 없는 조각상에 스토리를 만들어 주고 외로우니까 사람이다. 문학의 빛으로 세상을 덮어라. 지금은 스토리 텔링 시대, 다들 전문가 시대, 비전문가 시대, 이렇게 말합니다. 스토리 텔링 시대지만 아무도 스토리를 텔링하지 않는 시대. 그냥 제목만 외우는 시대. 스토리 텔링 시대는 우리가 연다. 숲 속을 지키던 여인상. 저런 조각상이 있었습니다. 여성이 딴 데를 보고 있으면서 딴 데를 보고 있을 이유가 없는 저 조각상. 어울리지 않으면 강물에 던져 버려라.

고향 바다를 그리워한 남이섬의 인어공주. 인어공주상이 물에 잠기면 스토리가 태어납니다. 가슴까지 차올라요. 나는 남이섬에서 산다. 나는 원래 물고기였답니다. 인간의 모습으로 사랑하며 인간 세계에서 살고 싶어 차가운 물나라. 그래도 정든 큰 바다나 따스한 체온을 서로 나누는 그런 삶을 꿈꾸면서 인간이 되고 싶은 큰 바다 물고기였답니다. 인간의 모습으로 큰 바다를 벗어나 한국 땅 북한강 남이섬으로 어찌 오게 되었는지 나는 알지 못합니다.

하지만 2002년 숲을 떠나 물가로 나는 누군가에게 이끌려 나왔답니다. 여기서 물길을 따라 끝없이 내려가면 고향에 닿으려나. 아기 물고기들 속삭임, 볼을 비비는 강바람 풀벌레 노래들, 고향 냄새 비린내 짠 내, 모두 그립습니다. 지느러미 잘라 얻은 팔과 다리로 스스로 일어서서 인간의 모습으로 다시 태어나던 그 날. 그 사람 처음 만난 또 하나의 인간 여기서 만나려나. 나는 매일 배 안을 살펴봅니다. 혹시 그가 타고 있을까? 배는 언제나 그냥 떠나갑니다. 나는 언제나 그냥 기다립니다. 바람아, 들었니? 강물아, 보았니? 강물이 줄어 자갈 섞인 백사장 슬픈 기다림이 고향 바다 파도 소리만 전해줍니다. 호수 위에 자그마한 연못을 하나 그려 봅니다. 기다림이 멈추는 순간을 기다리는 나, 그리고 또 한 사람의 인간 나의 왕자님과 영원히 살아갈 상상정원입니다. 이렇게 한 마디하고 지나가고.

역발상이 리드하는 상상 시대

하여간 2001년부터 〈겨울연가〉 중심의 한국 관광지로 떠올랐습니다. 2004년부터 전국적 문화 행사의 요충 관광지로 알려집니다. 상상놀이하는 가운데 손님도 늘어납니다. 5년 전, 27만 5천 명에 지나지 않던 입장객, '아니 불(不)' 자를 치웠더니 1년 만에 65만 명으로 늘어나고, 지금은 3년 평균 150만 명 이상 찾아옵니다. 땜빵 경영 5년, 상상놀이 5년, 무심코 뒤돌아보니 그것은 혁명이었더라. 이 시대는 남이섬과 같은 이상한 발상과 행동이 세계적으로 인정받기 시작하고 있음을 우리는 다행으로 생각합니다. 발상의 전환만이 아니라 생각과 행동을 뒤집지 않으면 안 되는 시대를 우리는 살아가고 있습니다. 사람들은 나와 같은 생각을 역발상이라 하지만 나에게는 정상입니다. 해석이 다를 뿐입니다. 세상은 교과서대로만 움직여 주지 않습니다.

이론만 들이밀지 마시라. 손님은 내 생각대로만 움직이지 않습니다. 가방만 크다고 공부 잘 하는 거 아닙니다. 곡을 모르는 자는 지휘할 수도 없습니다. 이 나라는 사람이 알지도 못하면 지휘가 되나요? 소리만 요란한 공격은 승리할 수 없습니다. 개혁은 조용히 용감하게. 바꾸는 것만이 능사는 아닙니다. 고치는 것도 혁신입니다. 시스템 때문에 못하는 일이 더 많습니다. 물처럼 바람처럼 연기처럼 흐르게 하라. 시스템보다는 사람, 돈보다는 마음, 보이지 않는 상상의 세계.

전문가들은 우리가 문화마케팅에 능하다고 하지만, 우린 그런 용어에 관심이 없습니다. 경영을 잘하면 10년은 잘 먹고 잘 살 수 있겠으나, 문화예술의 흔적은 100년 뒤에도 후손들의 삶터가 되리니. 결국 예술, 전통, 문화 이런 것, 우리가 조상 팔아먹고 사는 거지요? 앞으로 100년, 200년 뒤에도 후손들이 우리를 위해 무엇을 팔아먹고 살까?

흔적을 남기시라. 그리고 성공시대를 잊어라! 흔적을 버리시라. 앞으로 30년을 내다보고 우리가 먼저 우리를 바꿉니다. 남들이 따라오면 또 바꿉니다. 영원불멸하는 동화나라 디자인. 새가 사람처럼 생각하고 걷고 말하고 사랑하는 곳, 사람끼리 어울리지 못하는 사람과 새끼리 어울리지 못하는 새들과 끼리끼리만 살아가면 이들이 새로운 정을 느낄 수 있는 곳, 동화 같은 세상을 만들 수는 없을까? 단 한 시간이라도 사람과 자연이 꿈꾸듯 어우러지는 속에서 동화 같은 세상을, 동화되고 동화되어 동화를 쓰고, 동화를 그리고 동화를 만드는 그런 세상을 만들 수는 없을까?

한겨울에 한여름을 생각하는 것은 상상이 자유입니다. 그런 세계를 우리는 동화나라라고 부릅니다. 고드름으로 더 추운 겨울을 느끼게 하는 걸 표현의 자유, 남이섬에서 일본인 결혼식을 하는 것은 친절의 자유, 쓰레기나 젓가락으로 간판을 만드는 건 창작의 자유, 〈겨울연가〉를 역사 속에 묻는 건 간단의 자유입니다.

돌을 던져놓고 길을 물어보라. 일단 《연합뉴스》에 보도자료부터 보내놓고. 계획은 나중에 만들어야겠다. 춘천 남이섬을 동화의 나라로. 일단 국기부터 만들어 놓고 그리고, 나미나라공화국 독립선언 2006년 3월 1일, 나미나라공화국이 독립하였다. 길거리에 사람을 모아놓고 텔레비전도 부르고 신문도 부르고 독립만세를 부릅니다. 유아독존(唯我獨尊), 스스로 일어서서 새 길을 열고 세상을 뒤집어라. 누구도 우리를 침략하지 않았고 우리를 괴롭히지도 않고 우리를 억압하지 않았는데도 우리는 남이섬을 나라로 만듭니다. 단 한 시간이라도 상상과 창조적 표현 자유가 허용되는 동화나라를 만듭니다.

이 세상에 하나뿐인 대한민국 속의 작은 꿈나라. 꿈속에서라도 살고 싶은 그런 나라를 우리가 만듭니다. 나라 속에 나라. 일단 남이섬에서는 남이나라 여권으로 왼쪽은 1년 단기여권, 오른쪽은 평생여권. 애국가도 세계적으로. 종이가 없으면 문화도 없다. 풀과 가랑잎, 나무껍질로 종이를 만들기 시작해서 3개월 만에 성공합니다. 모든 종이의 재료는 주변에 있는 풀과 가랑잎. 남이섬에서 닥종이는 버려라. 닥종이는 한국 종이라는 것. 연필이 있어야 꿈을 그릴 수 있다. 연필을 만들자. 문자가 있어야 문화 국가. 상형문자를 공식 문자로. 중국 운남성 상형문자 화가 초청, 한 달 동안 전시를 열어주고 그 화가로부터 상형문자를 배웁니다. 간판, 표지판, 상표 디자인도 상형문자로. 마지막으로 상형문자를 공부 안할까요? 나미나라공화국 공식 막걸리, 라벨 디자인이 바뀝니다.

나미나라에서는 나미나라 돈으로. 이 세상 모든 제도 가운데 가장 좋은 것만 골라라. 법 없이도 살 수 있는 동화 속의 상상나라. 우리의 헌법, 문법, 천지법. 하나뿐인 호텔은 나미나라 국립호텔, 행정 절차가 늦어지면 행정을 포기하라. 작가들이 직접 만드는 갤러리 같은 꿈자리, 방마다 다르게, 두 평짜리 갤러리, 텔레비전 없애라. 라디오로 고요를 즐기고, 은행과 방송국, 우체국도 만들고, 모든 여행자는 자기 나라 돈을 쓸 수 있게 환전소도 만들고, 앞으로 수도(首都)를 만들고 궁전도 지어 도화(그림) 같은 상상나라 만들기를 하고 있다.

어떻든 우리는 역발상이 리드하는 상상시대를 살아가고 있습니다. 이 시대는 역발상을 중시하면서도 상상을 현실로 만들려는 것은 반역으로 간주합니다. 그러나 세상을 바꾸는 아름다운 반역입니다. 아름다운 반역에는 경쟁자가 없습니다. 무조건 반역자가 1등. 왜냐하면 반역자는 스스로 만든 트랙에서 혼자 뛰기 때문에 언제나 자기가 1등, 어차피 내가 1등. 강렬한 의지가 세상을 바꾸는 웰빙 창조 시대. 감성적 리더십이 마음들을 모으는 이매지네이션 시대, 청개구리 역발상이 미래를 리드하는 반역 브랜드 시대, 차세대 세계 문화를 이끄는 아름다운 반역자로 무한 경쟁 시대를 헤쳐가는 열정 어린 유한인(柳韓人)으로 자신 있게 살아가시길 바랍니다. 감사합니다.

미래 다가올 기술, 비즈니스, 생활

차원용

(주)ASPECT 미래기술경영연구소 소장

오늘의 주제인 미래에 다가올 기술, 그리고 이 미래 기술을 바탕으로 어떤 비즈니스가 전개되고, 생활이 어떻게 바뀔 것인지에 대한 내용입니다.

이 강의 주제의 참고문헌(레퍼런스)은 2006년에 나를 포함해서 100여 명의 저자들이 공동으로 쓴 《미래기술경영 대예측: 매트릭스 비즈니스》와 SF 영화 가운데 2050년의 미래를 잘 설명해주는 〈마이너리티 리포트(Minority Report)〉를 바탕으로 합니다. 〈마이너리티 리포트〉는 유비쿼터스 기술을 이용하여 증강현실(Augmented Reality)을 구축하자는 내용이지요.

오늘날 범죄 사건들 가운데 거의 90퍼센트가 절도, 강도라고 합니다. 그런데 지난주 어느 언론사에서 중학교 여학생들을 대상으로 한 설문 조사에 따르면, "앞으로 결혼을 하겠느냐"의 질문에 90퍼센트 이상이 "결혼 안 한다"고 대답했습니다. 그리고 우리나라 여성 한 명이 평생 동안 출산하는 아이의 수가 2005년도 통계청 자료에 따르면 1.2명입니다. 참고로 전 세계 평균은 1.6명입니다.

그래서 지금 우리나라 정부도 저출산, 고령화, 이 두 가지가 이제 커다란 사회 문제로 대두되고 있습니다. 정부도 이를 해결하고자 노력 중인데, 경상북도는 자식 세 명 낳으면 3천만 원을 지원해 준다든지 하는 정책들이 자꾸 나오지만, 트렌드는 어떻게 할 수가 없는 거예요.

트렌드는 계속 저출산으로 가니까, 2015년에는 우리 한국도 0.8명이나 0.7명로 떨어진다고 예측하고 있습니다. 그러면 어떤 범죄가 자꾸 증가하게 되어 있느냐 하면, 유괴 범죄가 자꾸 증가하게 되어 있어요. 여러분들도 신문 방송에서 보듯이 유괴범이 계속 늘어나는 이유는 아이들이 없어서 입니다. 그래서 2020년쯤 되면 여러분들이 개발하는 위치추적시스템(GPS)이라든지, 각종 센서나 태그(RFID)가 늘어날 뿐만 아니라, 여러분들 책가방이라든지 여러분들 휴대폰이라든지 여러분들 귀걸이라든지, 이렇게 전부 위치추적시스템이 이식되어 유괴 범죄를 막게 됩니다. 그래서 아이들이 어디에 있든지, 부모님이 어디에 계시든지, 여러분들이 어디에 있든지 간에, 정확한 위치를 찾아 연결하고, 만약 누구든지 길을 잃거나 어떤 사고를 당했을 때, 바로 경찰에 자동으로 신고 되어 편안하게 살 수 있는 거지요.

따라서 2020년쯤에는 이와 같은 기계들이 여러분들 옷이라든지 피부에 이식될 거예요. 그래서 2030년쯤 가면 유괴 범죄가 엄청나게 증가했다가 떨어지겠지요. 그러면 또 다른 범죄가 나오게 되어 있습니다.

대략 2040년에 가면 무엇이 밝혀지는가 하면, 바로 뇌의 메커니즘입니다. 모든 의사결정은 다 뇌에서 일어나기 때문에 이것이 중요합니다. 뇌에서 정보를 수집하고, 처리하고, 판단을 내리게 되어 있거든요. 옛날에는 신경세포가 중요하다고 했지만, 최근에는 뇌 가운데서 어느 부분이 가장 중요한가 하면, 신경세포와 신경세포를 연결하는 시냅스란 부분인데, 이 시냅스의 메커니즘이 지금 막 밝혀지기 시작하고 있어요. 여러분들이 기억하는 것, 경험한 것은 전부 시냅스에 저장된다는 사실이 논문을 통해 자주 발표되고 있지요.

또한 여러분들이 움직이려면 시냅스에서 도파민이라는 신경전달 물질을 만들어 주어야 합니다. 만약 도파민을 시냅스에서 만들지 못하면 중풍에 걸려 움직일 수가 없는 거지요. 또 시냅스에서 아세틸콜린이란 물질을 만들지 못하면 여러분들은 기억을 할 수가 없는 것이지요. 이른바 치매에 걸리게 되는 것입니다. 시냅스에서 이와 같은 물질들을 만들어야 생활도 하고 기억도 하고 사랑도 하고 예술작품도 만드는 것인데, 이 메커니즘을 대략 2040년에 과학자들이 밝혀낼 것으로 예측합니다.

우리가 사는 사천(四天) 세상

기독교에서는 하늘(天)을 7가지로 나눕니다. 불교에서는 이 하늘을 10가지로 나누지요. 우리나라 《천부경》에서는 하늘을 15개로 나눠요. 서양 천문학에서는 하늘을 10개로 나눕니다. 그러나 이해하기 쉽게 하늘을 그냥 10개로 나누면 맨 아래에 있는 하늘이 일천(一天)이에요.

첫 번째 하늘, 이것은 무엇을 기준으로 나누는가 하면 선(善)과 악(惡)을 기준으로 나누지요. 선이 10퍼센트가 있는 세상을 일천이라고 하는데, 이른바 지옥(地獄)을 일천이라고 하는 거예요. 지옥이 왜 무섭냐 하면 악이 90퍼센트가 있기 때문에 여러분들이 거기에 가면 아무리 좋은 일을 하고 싶어도 못하는 거예요. 왜냐하면 거의 대부분이 악이기 때문이지요.

이천(二天)은 선이 20퍼센트 있는 세상을 이야기하는 것으로, 아귀(餓鬼) 세상이라 합니다. 욕심 많은 사람들, 남들을 도와주지 않은 사람들, 혼자 잘 먹고 잘 산 사람들은 다 죽어서 어디로 가는가 하면 이천으로 가는 거지요. 이천에 가면 왜 골치가 아프냐 하면, 욕심이 많았으니까, 배가 5가지로 크게 불어나지요. 그러니 이 5가지의 배를 채워야 하는데, 진수성찬이 차려져 있어도 먹지를 못하는 세상이므로, 얼마나 골치가 아프겠어요. 그래서 배가 고플 때 빵 한 쪽이 있으면 이걸 먹으려고 싸우는데, 이를 바로 아귀다툼이라고 하지요. 그러니 이천에 가면 안 되겠지요.

삼천(三天) 세상은 선이 30퍼센트가 있고 악이 70퍼센트가 있는 세상인데, 이를 축생(畜生)이라고 합니다. 동물들이 사는 세상을 얘기하는 거예요. 살아생전에 동물을 많이 죽이고 동물을 많이 먹는 사람들이 가는 세상이지요.

우리 인간이 사는 이 지구는 사천(四天) 세상입니다. 따라서 사천 세상은 선이 40퍼센트가 있고, 악이 60퍼센트가 있다는 사실을 꼭 알고 있어야 합니다. 무슨 말인가 하면, 여러분들이 한평생 살아가면서, 여기 우리 유한대학에 와서, 친구 열 사람을 만나면 그 가운데 최소 여섯 사람은 나쁜 사람이라는 것이지요. 육칠십 평생 살면서 만나는 사람 가운데 최소 60퍼센트는 나쁜 사람들이란 말입니다. 그래서 살면서 나쁜 사람도 많이 만나고, 배반도 당하고, 사기도 당하고, 실패도 하고 그런 것인데, 이럴 때에는 '아 그래, 우리 여기 인간 세상은 악이 60퍼센트로 많지'라고 생각하면 아주 편안해지고, 나쁜 기억도 빨리 잊을 수 있는 거지요.

무슨 뜻이냐 하면, 어떤 기술의 메커니즘이 밝혀지면 인간은 둘로 가는 거예요. 그 밝혀진 메커니즘을 선(善)적으로 끌고 가는 그룹이 있는데, 바로 40퍼센트의 인간들이고, 60퍼센트는 악(惡)적으로 끌고 간다는 얘기예요. 시냅스의 메커니즘이 밝혀지면 선적으로 가는 40퍼센트의 사람들은 시냅스의 메커니즘을 잘 이용해서 우리 인간들, 어머니·아버지·자식, 여러분들이 갖고 있는 3,199가지의 병을 잘 고칠 수 있는 새로운 약, 새로운 물질을 만들겠지만, 60퍼센트의 악적인 사람들은 그저 시냅스의 메커니즘을 이용해서 뭘 만드는가 하면, 새로운 마약 물질들을 엄청나게 만들어서 많은 사람들로 하여금 타락하게 만든다는 말이지요.

바로 영화 〈마이너리티 리포트〉의 주제가 마약이지요. 그래서 2050년쯤 가면 전체 범죄의 90퍼센트가 마약 범죄가 되는 것입니다. 이 마약 범죄를 어떻게 근절할 것인가를 주제로 한 영화입니다. 그래서 이 영화를 꼭 보셔야 돼요. 그 다음 맨 오른쪽에 있는 영화인 〈매트릭스〉는 가상현실이지요. 이긴 2200년 이야기이니까 내가 여기까지는 오늘 다룰 수 없을 것입니다.

자, 본론으로 들어가기 전에 동영상을 하나 보겠습니다. 동영
상을 보면 각자 어떤 느낌이 올 것입니다. 그러면 느낌을 적어보
세요. 동영상의 타이틀은 〈일 년의 시작 돌고 돌아〉입니다.

언제나 어디에서나 누구에게나, 천지인

달은 지구라는 공간을 한 바퀴 도는데 28일 걸려요. 지구는 태
양이라는 공간을 한 바퀴 도는데 365일 5시간 48분 46초가 걸려
요. 지금까지 지구는 태양을 46억 번 돌아 지구의 역사는 46억
년이지요. 우리 태양은 우리 은하계를 한 바퀴 도는데 2억 년, 총
25번을 돌아 태양의 나이는 50억 년이지요. 우리 은하계는 그 위
에 있는 수천 억 개의 은하계를 돌아야 하는데, 총 140억 년이고,
수천 억 개의 은하는 그 위에 있는 대우주를 돌아야 하는데, 그
래서 대우주의 나이는 170억 년이지요. 이렇게 누군가 시간과 공
간을 정확하게 매트릭스화했기 때문에 최근에 우주천체물리학에
서는 누군가 지적으로 설계(intelligent design)했다는 우주창조론
으로 가고 있어요. 바로 대우주를 창조하신 창조주가 있다는 것
이지요.

나는 종교는 없지만, 이때의 창조주란 종교에서 말하는 신(神)
이상의 개념입니다. 우주를 관장하시는 분이라는 뜻이지요. 이
창조주께서 여러분들이 본 대우주(大宇宙)와 천지인(天地人)을 만
드셨다고 가정하면, 천(天)은 하늘의 개념이므로 바로 시간의 개
념입니다. 여기에서 언제나(anytime)가 나온 것이지요. 지(地)는
땅이므로 공간의 개념이기에 여기에서 어디서나(anywhere)가 나

왔고, 인(人)은 사람의 개념이므로 누구에게나(anyone)라는 개념이 도출된 것이지요. 바로 대우주와 천지인은 언제, 어디서나, 누구에게나 존재한다는 유비쿼터스(ubiquitous)라는 뜻임을 금방 알 수 있지요. 따라서 '우리 유한대학은 언제, 어디에서나, 누구에게나 존재하는, 또는 필요로 하는 대학이다'라고 하면 이게 바로 우리 유한대학의 유비쿼터스 비전이 되는 것이지요.

그러면 우리 인간의 목표는 무엇일까요? 여기 잘 보면 미래에 부(富)를 창출하는 방법이 나와 있어요. 바로 창조주께서 대우주와 천지인을 어떻게 창조하셨는지, 그 창조의 비밀을 지식(knowl-edge)이라고 보고 이 지식을 발견(discovery)하여 선적인 방법으로 지혜롭게 이용하는 것이 바로 여러분의 목표이고 유한대학의 목표라는 점이지요.

따라서 그 첫 번째가 시간의 기술을 발견하는 것입니다. 시간은 역사인 기록을 의미하는 거예요. 곧 기록하는 기술을 발견하면 게임은 끝나는 것이지요. 반도체가 무엇인가요? 바로 기록하는 저장매체인 메모리이지요. 삼성전자 반도체가 돈을 많이 버는 이유가 바로 이것이지요. 이 기록을 더욱 잘 할 수 있도록 처리하는 마이크로프로세서를 발견한 미국의 인텔 또한 부를 창출하는 기업이며, 기록을 더욱 잘 보이게 하여 더 나은 기록을 할 수 있도록 하는 '윈도우 창'을 발견한 미국의 마이크로소프트도 세계적인 기업입니다. 또한 기록을 원하는 장소로 송수신하는 통신 기술 역시 부를 창출하는 기술입니다. 이처럼 기록의 기술을 발견해야 합니다.

기록을 하려면 반드시 빛(light)이 있어야 합니다. 백라이트 빛이 없으면 여러분의 컴퓨터는 보이지 않습니다. 지금 보세요. 한국전력은 전기에너지를 빛 에너지로 전환해요. 천장에 있는 형광등을 모두 끄면 여러분들은 깜깜해서 기록을 할 수 없지요. 빛이 없으면 딱 한 분 한석봉 선생님을 제외하곤 아무도 기록할 수 없어요. 이처럼 빛에 도전해야 하는데 무지개 빛을 융합하는 빛을 발견하는 국가와 기업이 미래의 부를 이끌게 되는 것입니다.

빛은 에너지와 파동으로 이루어져 있어요. 그래서 지금 에너지 전쟁이 일어나는 것이지요. 석탄이나 석유를 대체할 태양에너지에 너도나도 뛰어들고 있어요. 또한 파동에 도전하여 가장 긴 장파(長波)인 전파를 발견하여 지금 우리는 휴대폰을 이용하는 것이지요. 조만간 이보다 짧은 극초단파(極超短波)를 이용해 데이터를 송수신하고 전기도 무선으로 보내는 기술이 발견될 것이지요. 이 밖에 적외선을 이용해 바이러스를 100퍼센트 박멸하는 기술이 발견될 것이고, 자외선, 알파·베타·감마선을 이용하는 기술들도 발견될 것입니다.

두 번째는 공간의 기술인데, 공간은 바로 진리입니다. 이 진리가 없으면 우리 인간은 모두 죽게 되지요. 우리가 마시는 산소는 그 크기가 10,000나노라 보이지 않지만, 바로 진리입니다. 따라서 공간은 바로 나노 공간이지요. 이 때 진리란 자연의 법칙을 의미합니다. 자연(自然)이란 '스스로 그러하다'라는 뜻으로 어떤 물리법칙으로, 어떤 화학법칙으로, 어떤 생물법칙으로 존재하는지 이 지식을 발견하면 노벨상을 수상하고, 그 법칙을 이용해 우리는 다양한 제품과 서비스를 만들어 사용하고 부를 창출하는 것이지요.

세 번째는 인간의 기술인데, 인간은 생명을 의미하는 것이기

발견자	미래의 부(富)(1)	미래의 부(富)(2)
차원용	① 창조주의 거시적 창조 비밀 (지식)	② 선악의 지식의 나무(Tree of Knowledge of Good & Evil)와 생명의 나무(Tree of L -ife)
차원용	③ 천(天, 시간) = 빛(Light)	④ 기록 = 빛 = 에너지와 파동
차원용	⑤ 지(地, 공간) = 진리(Truth)	⑥ 자연의 법칙 = 물리, 화학, 생물학의 법칙 > 환경 보존
차원용	⑦ 인(人, 인간) = 생명(Life)	⑧ 건강과 장수를 위한 인간 생명의 메커니즘 > 바이오
차원용	⑨ 인간의 미시적 지식(知識) 위의 거시적 지식을 선적인 방법으로 지혜롭게 발견하여 인간의 지식의 나무와 생명의 나무로 매트릭스화하는 인간의 미시적인 지식의 ADR	

△ **표** 1

때문에, 왜 인간은 120살을 넘어 살 수 없는지 이걸 연구하셔야 하는 거예요. 그래서 인간은 130에 도전해야 하고 140에 도전해야 하고, 병의 종류는 몇 가지인지, 왜 인간은 3,199가지나 되는 병에 걸리는지, 인간의 유전자는 몇 개인지 등을 다 발견하는 거지요. 어떤 유전자와 단백질의 상호작용으로 병에 걸리는지 과학자들이 발견해내는 것이지요. 이를 발견하는 사람들은 바로 노벨 생리의학상을 수상하게 되고, 그 결과 인간이 더욱 건강한 삶을 유지하고 장수를 누리게 되면, 이게 바로 미래의 부가 아닌가요?

특이점이 온다

그럼, 지금까지 설명한 내용을 한 장으로 그리(매핑하)면 다음과 같은데, 이렇게 나오겠지요. 아날로그 경제에서 전자를 컨트롤하는 디지털 경제로 이미 진입하였고, 그 다음 전자에서 원자로 넘어가야 하는데 기술적으로 바로 못 넘어가요. 그 전에 전자와 원자가 함께 있는 분자 전체를 컨트롤하는 지식이 있어야 해요. 이것이 바로 분자를 다루는 기술이고, 따라서 지식 베이스의 분자 경제가 먼저 오고 그 다음 원자경제가 도래하는 것이지요.

분자 안에 바이러스를 추적하는 센서도 넣고, 집도 짓고, 글도 쓰고, 도서관도 만들고. 봄에는 사과나무가 꽃을 피우고 여름 내내 광합성 작용을 통해 가을에 사과를 맺는다는 것은 누구나 다 알지요. 그런데 지금 과학자들이 이 사과나무의 창조 지식을 밝혀내고 있지요. 대략 2045~2055년에 메커니즘이 밝혀지면, 그냥 사과를 만들어 먹는 세상이 도래하지요. 배도 만들어 먹고, 무엇이든지 만들어 사용하고 먹는 세상이 온다, 이런 말씀이지요. 세상이 엄청나게 달라지는 거예요. 특이점(singularity)이 온다고 하는 것이지요. 지금은 아주 완만하게 가지만 2045~2055년에 우리 과학자들이 열매를 맺는 방법을 밝혀내면 S곡선에서 기하급수적으로 뛰면서 2100년이 되면 자신이 원하는 물질을 마음대로 만들어 먹을 수 있는 세상이 온다, 이겁니다.

이들 메커니즘이 밝혀지면 인간이 발견한 118가지의 원자를 이용하여, 자기 복제를 시키고, 자기 조립시켜, 자기 조직화를 만들면, 이 세 가지를 지식이라 하는데, 이 지식과 118가지의 원소로 이루어진 분자를 이용해, 여러분들이 원하는 사과, 여러분들이 원하는 배를, 여러분 집에서, 자동차에서 만들어 먹는 세상으로 가자는 거예요. 지식과 분자 경제로 간다는 거지요. 이걸 넘어가야 그 안에 있는 원자를 컨트롤하는 원자 경제로 진입합니다. 그러면 세포나 유전자를 컨트롤할 것이고, 또 그 안에 있는 소립자를 컨트롤해서 융합하거나 분열시키면, 지금 과학자들이 모르고 있는, 왜 중력이 분자나 원자 안에서는 아무런 힘을 발휘하지 못하는지, 그 이유가 밝혀지게 될 것입니다.

이러한 시대로 진입하려면 바로 우주공학 기술, 핵융합 기술, 에너지환경 기술, 바이오 기술들을 잘 살펴보아야 하고, 그다음 이들을 연결해주는 나노, 피코, 펨토 기술들을 잘 살펴보아야 합니다. 그다음으로 과거에도 존재했고 현재에도 존재하며 1,000년이 가도 존재할 천지인을 대상으로 무엇을 공략할 것인가를 연구해야 합니다. 이 천지인을 '블루오션 시장'이라고 하는데, 변하지 않는 시장을 블루오션이라고 하지요. 그동안 많은 기업들이 블루오션을 찾으려고 사방팔방으로 노력했지만 아무도 찾지 못했어요. 그래서 이제 대기업들은 블루오션이란 용어를 안 쓰기로 했지요. 따라서 천지인을 공략해야 합니다. 바로 시간화 기술, 공간화 기술, 그리고 인간화 기술에 도전해야 합니다.

대략 2050년 무렵에 가면 유한대학이 어떻게 바뀔까요? 지금은 여러분들이 유한대학 와서 졸업하면 그것으로 끝입니다.

대부분의 학생들은 졸업하면 다시는 유한대학에 오지 않습니다. 그러나 2050년 무렵이 되면 유한대학은 여러분이 입학하고 죽을 때까지 평생교육을 담당하는 유한대학으로 바뀌게 됩니다. 똑똑한 학생들을 선발하여 대학 교육을 무료로 가르치게 될 것이고, 여러분이 졸업하고 취직을 하게 되면, 등록금과 이자를 그 때 반환하면 될 것이고, 취직을 하여 지식이 또 필요하면 다시 유한대학 평생교육에 참여하고 무료로 지식을 배우고, 다시 직장이나 연구소로 돌아가 돈을 벌어 대학에 반환하는, 그러한 학생과 유한대학이 죽을 때까지 가는 시스템으로 전환하는 것이지요. 그래서 여러분들이 평생을 살아가면서 더욱 멋진 사랑과 예술을 창출할 수 있도록 지원하는 유한대학으로 변하게 될 것입니다.

병원도 마찬가지입니다. 지금의 병원은 1,000개나 2,000개의 병동을 환자들로 꽉꽉 채워야 돈을 많이 벌지만, 2050년에는 병동이 없는 병원이 부를 창출하게 되겠지요. 아예 태어날 때부터 죽을 때까지 U-Health(원격의료시스템, Telemedicine) 시스템으로 고객들의 건강을 사전에 모니터링하여 병원에 오지 않게 해서 지금보다 수십 배의 부를 창출하는 비즈니스 모델로 전환하게 됩니다.

정보기술+나노기술+바이오기술

이번에는 융합기술인데, 왜 나노기술(NT)을 바탕으로 바이오기술(BT)과 정보기술(IT)이 융합해야 하는지를 간단히 살펴보겠어요. 아래 그림 위에 세포가 나오는 걸로 봐서 이게 바이오 기술이고, 아래가 정보기술 또는 반도체기술, 그리고 가운데가 나노기술입니다.

최근 나노기술을 중심으로 바이오기술과 정보기술이 융합한다고 언론에 자주 언급되지요? 암세포를 박멸하는 나노캡슐이 나왔다든지 빛만 쪼이면 어떤 병에 걸렸는지 알려주는 나노바이오센서가 나왔다든지. 자, 여러분들 머리카락을 만져보세요. 머리카락 굵기가 얼마나 되는지? 만져보시면 머리카락 굵기가 100마이크로미터, 10만 나노미터입니다. 10억분의 10만 나노미터라는 얘기이지요. 빨리 외우지 못하시는 분들은 혹시 머리카락이 몇 개인지 손으로 세어 보세요. 토요일에 시간을 내서 거울 앞에 앉아

색을 칠하면서 한번 세어 봐요, 몇 개인가? 우리 한국 사람은 10만 개입니다. 백인들 그러니까 얼굴이 하얀 사람들인 러시아·영국·미국·호주 사람들은 머리카락이 11만 개고. 금발미녀 있죠? 금발미녀는 머리카락이 12만 개 정도 됩니다. 아프리카 흑인들 있죠? 이들은 머리카락이 9만 개입니다. 제가 데이터 4개를 말했죠? 데이터 4개에서 무엇을 유출할 수 있느냐 하면 머리카락이 많으면 많을수록 좋다는 건가요, 나쁘다는 건가요? 예 좋은 겁니다. 머리카락이 많으면 좋은 거예요.

머리카락은 신과의 교신 안테나라고 하지요. 성경에 보면 삼손이 나오죠? 삼손이 처음엔 머리카락이 엄청나게 길었거든요. 그래서 하나님과 교신을 하여 엄청난 힘을 받았는데, 사랑하는 여자에게 꼬임을 당해서 머리카락이 잘리는 순간 어떻게 되지요? 하나님과 교신할 수 없어 결국 잡히는 거지요. 그래서 머리카락은 신과 교신하는 안테나란 말이에요. 연구 개발하시는 분들 가운데 몇 분들, 예술 하는 분들 가운데 몇 분들, 그리고 산에서 도를 닦는 도사 분들 보세요. 이분들은 머리를 안 깎아요. 다 기른단 말이에요. 기르는 이유는 자기의 신과 교신하려고 하는 거지요. 여러분들 가운데 혹시 엄청난 목표를 가지고 도전을 해야겠다는 분은 머리를 깎지 말란 말이에요. 계속 기르되 대신에 깨끗하게 해야 합니다.

여러분의 머리카락 한 올을 반으로 가르면 어떻게 될까요. 손등을 한번 보세요. 손등의 땀구멍이 보여요, 안보여요? 보이죠? 땀구멍의 크기나 둘로 가른 머리카락의 크기가 대략 5만 나노이지요. 여기 보시면 정자의 크기도 5만 나노이고, 난자도 5만 니노예요. 여기까진 육안으로 보이는데 세포로 내려가면 17,000나노 이므로 안보입니다. 이때부터는 전자현미경이나 원자현미경으로 봐야 보입니다. 세포 안으로 들어가는 우리가 호흡하는 산소는 1 만 나노입니다.

더 내려가면 박테리아가 있어요. 인간을 공격하는 박테리아를 보통 병원균(세균)이라고 하지요. 세균의 크기가 여기 보면 1,000 나노이고 바이러스는 100나노예요. 여기 1미터보다 큰 세상을 우 리가 거시 세계라 하죠. 거시 세계에서는 중력의 법칙이 작용하 기 때문에 질량이 큰 것이 이기는 세상입니다. 키도 크고 덩치도 크며 힘센 사람이 이기는 거예요.

그러나 1밀리미터 이하의 아주 작은 마이크로나 나노 세계로 들어가면, 이를 미시 세계라 하는데, 이러한 미시 세계에서는 거 시 세계의 중력의 법칙이 작용하지 않고 그 반대 현상이 일어나 는데 이를 양자현상이라고 하지요. 다시 말해 전자기력이나 강력 이나 약력의 법칙이 작용하므로 작은 놈이 이기는 세계이지요. 그 래서 세균하고 정상적인 세포하고 싸우면 세포보다 더욱 작은 세 균이 이긴단 말이에요. 왜 세균이 이기냐? 세균이 작으니까 세포 수용체를 뚫고 들어가서 세포 안에 있는 공장(리보솜)도 파괴하고, 노동자(효소)도 파괴하며, 발전소(ATP)로 파괴하면, 여러분들은 병 에 걸리고 바이러스에 걸리며 암에 걸려 죽는단 말이에요.

에이즈 바이러스가 100나노여서, 일반 병균보다 더 작기 때문 에, 이를 발견하는 것도 힘들지만 죽일 수가 없어요. 현존하는 의 학기술로 바이러스를 죽일 수가 없는 거지요.

항암제란 말 그대로 암세포가 더 이상 자라지 못하도록 저항하는 약이지, 암세포를 100퍼센트 죽이지는 못해요. 항생제란 말 그대로 병원균이 더 이상 자라지 못하도록 저항하는 것뿐이지, 병원균을 100퍼센트 박멸하지 못합니다. 또한 바이러스나 세균이 워낙 작으니까 정확하게 표적을 할 수 없으므로 항암제를 맞으면 암세포 주위의 정상적인 세포까지 죽이는 거지요. 그래서 항생제를 많이 맞은 사람들은 머리카락이 빠지고 합병증이 생기는 거예요. 우리나라 보건복지부에서 항생제를 대략 15퍼센트 이상 쓰지 않도록 규정하고 있습니다. 왜냐하면 항생제를 많이 맞으면 부작용이 생기고 세균들이 내성이 생기기 때문이지요.

그래서 현존하는 의학·의약기술로 병원균과 바이러스를 100퍼센트 죽일 수 없으니까, 지금 무엇으로 죽이려고 하는가 하면, 바로 그림 아래에 있는 정보기술의 기계로 죽이자는 거예요. 우리나라는 전자공학 기술이나 반도체 기술에서 전 세계 1등이므로 이러한 기술을 이용해서, 우리가 세균보다도 더욱 작은 100나노 크기의 기계를 만들어서 이 안에 세균을 추적하는 센서를 넣고, 박테리아를 100퍼센트 박멸할 수 있는 폭탄을 넣은 다음, 작은 기계를 주사기로 혈관에 주사를 하면, 이 기계들이 혈관을 타고 다니면서 병원균을 추적하는 것이지요.

우리 혈관의 혈액들은 1분에 한 바퀴 돌죠? 피가 심장의 동맥에서 나와 발끝까지 갔다가 다시 정맥을 통해 심장으로 돌아오는데 빠른 사람들은 50초가 걸리고 보통 분들은 평균 1분이 걸리거든요. 띠라서 혈관에 이 기계들을 주사하면 기계들이 1분에 한 바퀴 돌면서 병원균을 만나, 이 기계들이 병원균보다 더 작으니까, 병원균을 뚫고 들어가서 그 안에서 폭탄을 폭발시켜서 병원균을 정확하게 100퍼센트 죽일 거예요. 마찬가지로 10나노의 기계를 똑같이 만들면 바이러스보다 더욱 작아, 같은 방법으로 바이러스들을 100퍼센트 죽이는 거지요.

그래서 이와 같은 아주 작은 기계들이 필요한 거예요. 그러니까 바이오기술하고 정보기술이 융합할 수밖에 없는 거지요. 그리고 작게 만들어야 하니까 나노기술이 필요한 거예요. 여기 보면 100마이크로, 10마이크로, 1마이크로 크기의 기계들이니까, 그냥 마이크로 기계라고 말하면 돼요. 또는 유식한 말로 멤스(MEMS)라고 부르지요. 여기는 100나노, 10나노, 1나노처럼 나노니까 나노 기계라고 말하면 돼요. 또는 넴스(NEMS)라 불러도 되지요. 여기 잘 보시면 원자의 크기가 0.1나노이므로, 우리가 1나노 이하로 내려가려면 앞으로 50년에서 100년 정도 걸리기 때문에, 지금부터 50~100년 동안은 우리가 마이크로나 나노 세계에서 기술을 발견해야 하지요. 이는 바로 분자를 의미하므로, 마이크로 기계 또는 나노 기계를 그냥 분자 기계라 불러도 됩니다.

이번에는 구체적인 융합기술을 살펴보고자 하는데, 하늘[天]은 시간의 개념이라고 했죠? 시간은 기록이므로 바로 정보 기술이거든요. 공간[地]은 그 자체가 분자들의 세상이므로 나노공간이고 바이오기술은 인간입니다. 정보기술, 나노기술, 바이오기술의 공통집합은 기술이고. 이를 뭐라고 하는가 하면 유비쿼터스 기술이라고 해요.

의식주 컴퓨팅 시대

지금부터는 여러분들이 어떤 주제를 공부해야 하는지 가르쳐 드릴게요. 사례를 보면서요. 이게 먹는 내시경입니다. 여러분들 병원에 가면 의사 선생님들이 내시경 호스를 입과 목에 넣고 하는 그러한 위험한 내시경이 아니라, 먹는 내시경이라는 말입니다. 여기 보면 배터리도 있고, 사진을 찍어 저장하는 메모리(영상기록 장치)도 있고, 빛을 내는 발광다이오드도 있고, 사진을 몸 밖으로 전송하는 무선송신 변환장치도 있어요. 이 기계들이 나노기술을 만나 작아져서 알약으로 들어가 있어요. 이 알약 한 알만 삼키면 목을 지나, 위를 지나고, 소장과 대장을 지나면서, 염증이 있는지, 돌이 있는지 등의 상태를, 1초에 사진을 두 장씩 찍어 바로 휴대폰이나 손목시계를 통해 병원으로 보내는 거지요.

먹는 내시경은 다시 말해서 기계를 먹으니까 컴퓨터를 먹는 것과 마찬가지예요. 여기 동영상에서는 이렇게 크게 보이지만, 이렇게 크면 안 되겠죠? 창자를 다 상하게 할 수 있으니까. 실제로는 10~20밀리미터만큼 작아서 위나 소장들을 상하게 하지 않아요. 또한 지금은 이렇게 발광다이오드가 한쪽 방향으로만 빛을 발하여 한쪽 방향의 사진만을 찍지만, 조만간 미국 버클리대의 이평세 교수님이, 한국인이신데, 잠자리 눈의 메커니즘을 밝혀서, 360도를 돌면서 찍는 카메라가 2010년 무렵에 먹는 내시경에 융합하게 될 것입니다. 뿐만 아니라 여기 동영상처럼 아주 작은 분자 기계들이 미세혈관을 타고 다니면서, 바이러스나 세균을 잡게 될 것인데, 문제는 배터리가 되겠지요? 몸속을 다니다가 배터리가 나가면 어떻게 될까요? 졸지에 갈 수도 있겠지요? 그래서 이 과학자들이 배터리 대신에 우리 몸에 있는 바이러스를 역공학으로 조절을 해서 바이러스의 에너지를 받아 움직일 수 있는 나노로봇을 개발하고 있어요.

다음 그림과 동영상을 볼까요? 이 분자 기계가 164나노 크기의 나노폭탄인 나노캡슐이거든요. 아까 에이즈 바이러스가 몇 나노라고 했지요? 100나노니까 이 분자 기계가 얼마나 작은지 아시겠지요? 눈으로 볼 수 없는 이 작은 분자 기계 안에 암세포를 추적하는 센서 노릇을 하는 자석과 약물을 넣었어요. 그리고 암세포에 자기장을 걸어주면 자석을 가진 이 나노폭탄들이 암세포로 모여들어 암세포를 집중 공격하는 것이지요. 지금은 약물만 넣었지만 조만간 나노폭탄을 넣어서 정확하게 암세포에 들어가서 폭파시켜 죽일 것입니다.

다음 그림과 동영상을 보지요. 이를 '나노바이오센서'라고 하지요. 여러분들 병이 나면 병원에 가서 반드시 피검사를 해야 돼요. 주사기로 혈관을 뚫어서 피를 빼내어 검사를 해야 한단 말이에요. 이러한 과거의 검사방법을 파괴방식이라고 해요. 팔의 혈관에 주사바늘로 뚫어서 파괴해서 피를 뽑았기 때문에 이걸 파괴방식이라 하는데, 앞으로는 여러분들 피부에다가 빛만 쪼이면 어떤 병이 있는지 다 진단해주는 기술들이 나오는 거예요. 2010년 무렵이 되면 이 나노바이오센서가 0.5센티미터 이하로 작아져서 여러분의 휴대폰으로 들어오게 되어 있어요. 길거리를 가다가도 머리가 아프면 휴대폰으로 여러분 머리를 찍어서 정상인지를 금방 알 수 있는 시대로 진입하는 것이지요.

다음은 개인 단의 컴퓨팅 솔루션 그림과 동영상을 보겠습니다. 동영상에서처럼 대략 2015년 무렵이면 우리가 걸치고 입고 있는 옷, 손목시계, 귀걸이, 안경, 혁대, 신발, 손수건 등이 모두 컴퓨팅이 되어 입는 컴퓨터(WC, 衣)가 등장하게 될 것이고, 앞서 설명한 먹는 내시경 등 마시고 흡입하는 먹는 컴퓨터(EC, 食)가 등장하게 될 것입니다. 그리고 황우석 박사가 하고 있는 줄기세포보다 더욱 빠르게 상용화하고 있는 것이 있는데, 컴퓨터 공학과 생체공학을 이용하는 인공 장기들인 인공 눈, 인공 심장, 인공 신장 등이지요.

이러한 인공 장기들은 조만간 여러분 몸 안에 이식되면서 컴퓨터가 우리 몸 안에서 같이 사는 컴퓨터(LC, 住)로 발전하게 될 것입니다. 이러한 의식주(衣食住) 컴퓨팅 시대가 오면, 지금 휴대폰의 기능은 귀걸이로, 디지털 카메라는 안경으로, 먹는 내시경이나 나노로봇들이 몸 안에서 찾아내는 병에 관한 정보는 반지로, 이에 필요한 전기 에너지들은 신발의 나노발전기나 압전 효과에 따라 전기를 발생하는 나노 섬유 옷이 담당하고, 외부와 연결하는 게이트웨이는 시간 개념의 구실을 하는 손목시계가 담당하게 될 것이고, 이때의 휴대용 컴퓨터는 바로 여러분의 손수건이 담당하게 될 것입니다. 전도체 플라스틱베이스의 손수건에 전기를 꽂으면 컴퓨터가 되고, 전기를 끄면 그냥 손수건처럼 땀을 닦고 주머니에 넣고 다니면 되겠지요.

아시모 대 휴보

이번에는 인간의 노동력을 대체하는 기술을 발견한 엄청난 부를 창출할 수 있는 로봇을 살펴보도록 하겠습니다. 나 대신 누가 이 강의를 하면 얼마나 좋을까요? 여러분 대신 누가 여기 와서 강의를 들으면 얼마나 좋을까요? 그러면 여러분들은 집에서 주무시거나 다른 일을 하면 좋잖아요. 그래서 로봇이 나오는 거예요. 신은 인간을 만들고 인간은 로봇을 만드는 거예요. 인간같이 생긴 로봇을 인간형 로봇이라고 하는데, 영어로는 휴머노이드(Humanoid)라고 하지요. 일본의 혼다 자동차사가 개발하고 있는, 1992년 돌아가신 로봇의 아버지인 아이작 아시모프(Issac Asimov)의 이름을 기리기 위해 아시모(Asimo)라 불리는 이 로봇은 현재 7살이고 키가 120센티미터이며 도쿄의 과학관에서 도우미 노릇을 하면서 2억 원의 연봉을 받고 있지요.

로봇 기술 가운데, 계단을 올라가고 내려가는 것이 엄청나게 어려운 기술이지요. 이 아시모는 어떻게 계단을 올라가고 내려가는가 하면, 여러분들 귀에 있는 3차원 공간을 인식하고 균형을 잡아주는 평형기관인 전정고리관의 메커니즘이 융합해 있고, 또 소뇌의 메커니즘이 융합해 있는데, 여러분의 소뇌는 계단을 올라가고 내려갈 때 넘어지지 않게 하는 거지요. 이와 같이 일본은 인간과 같은 휴머노이드 로봇을 꽉 잡고 있는 거예요. 이 밖에 장난감 로봇도 일본이 꽉 잡고 있어요.

미국은 어떤 로봇을 꽉 잡고 있는가 하면, 전쟁용 로봇이지요.

앞으로 전쟁은 인간이 하는 것이 아니라 로봇이 대신하는 시대가 오는 거예요. 미국은 2004년도에 100개의 특수부대 로봇을 만들어서 적진에 파견하여 적을 수색하여 지도를 매핑하는 프로젝트를 이미 끝냈어요. 또한 미국은 우주 탐사용 로봇을 꽉 잡고 있어요. 지금 화성에 가 있는 스피리트(Spirit)와 오퍼추니티(Opportunity)는 바로 탐사용 로봇인데, 2004년에 화성에 도착하여 처음에는 3개월만 탐사하는 특명을 받았지만, 아직까지 끄떡없이 탐사하고 있지요.

우리 한국은 어떤 로봇을 꽉 잡고 있나요? 개털이죠? 그래서 안 되겠다 생각하여 우리 한국도 2002년도에 10대 성장 기술, 국가에서 앞으로 한국을 먹여 살릴 10대 성장 엔진기술을 발표하면서, 그 안에 로봇을 넣은 거예요. 그래서 2002년서부터 열심히 연구 개발하여 나온 로봇이 여러분들이 잘 아는 휴보(Huboi)가 한국을 대표하는 로봇인데, 앞서 보았던 일본의 아시모와 비교 분석을 해볼게요.

여기 개발 기간을 보면 아시모가 15년이고 휴보가 3년이지요. 우리 한국은 까라면 까는 거지요. 여러분들 유한대학도 마찬가지예요. 학장님이나 교수님들이 언제까지 개발하라고 하면 그 기간에 개발을 완료해야 하지요. 여러분들 졸업을 하고 기업에 오시면, 나는 삼성 출신인데, 경영진에서 이것을 6개월 만에 개발하라고 명령이 떨어지면, 반드시 이 기간 안에 끝내야 해요. 만약 못 끝내면 사표 써야 하지요. 이게 바로 한국인의 끈기란 말이에요.

'까라면 까는' 이 끈기 때문에 우리나라가 일본이 꽉 잡고 있었던 액정크리스털디스플레이(LCD)를 빼앗아 온 거예요. 일본이 꽉 잡고 있었던 반도체를 우리나라가 빼앗아 왔어요. 그리고 일본이 꽉 잡고 있었던 조선 기술을 빼앗아 온 거예요. 앞으로 3년 안에 우리나라가 일본의 신일본제철을 제치고 철강 분야에서 전 세계 1등으로 등극하게 될 거예요. 현대자동차가 앞으로 10년 안에 일본의 도요타를 물리치고 1등하게 되겠지요.

자, 개발 비용을 보겠어요. 아시모가 3,000억이고 휴보가 10억이지요. 돈이 없어서 연구원들이 라면 끓여 먹으면서 개발한 거예요. 돈이 없을 때에는 라면을 끓여 먹어야 하지요. 어쩔 수 없어요. 자장면 사먹어야 하고. 이게 바로 우리 한국 사람들의 혼이며 끈기이지요. 지난 1950년대, 1960년대 우리 선배님들이 먹을 것이 없어 굶어가면서 배를 움켜쥐면서도 열심히 일을 하고 기술을 개발하여 오늘날 우리 한국이 전 세계 10대 무역국가가 된 거지요. 그래서 선배님들을 무시해서는 안 되는 거예요.

그다음 키는 120센티미터로 똑같아요. 아시모가 잘하는 특기는 계단을 올라가고 내려오는 것인데, 전 세계 로봇 가운데서 이는 아시모밖에 할 수 없지요. 관절을 보면 우리 휴보가 더 많아요. 그만큼 움직임이 빠르고 유연하다는 것이지요. 그래서 우리 휴보가 잘하는 것이 있는데 그게 무엇인가 하면, 바로 옆에 지나가는 사람 발 걸어 넘어뜨리기, 옆 사람 뺨 때리기 등 이름 하여 태권도예요. 전 세계 로봇 가운데 태권도와 국민체조를 하는 로봇은 우리나라의 휴보밖에 없어요.

그럼 아시모의 계단 오르고 내리기와 휴보의 태권도의 특기 대결이 1대 1이 됐어요. 그런데 우리 휴보가 잘하는 것이 하나 더 있어요. 아시모는 손가락이 5개가 붙어 있어요. 어머니 자궁

속에 있을 때에 임신 2주차가 되면 물갈퀴가 나와요. 손가락이 붙어 있는 거지요. 그러니 아시모는 아직 어머니 배 안에 있는 꼴이지요. 그러나 우리 휴보의 손가락은 좀 못생겼지만 따로따로 움직일 수가 있어요. 그래서 우리 휴보가 잘 하는 것이 하나 더 있는데, 그게 바로 가위 바위 보이지요. 우리 휴보는 가위 바위 보 게임의 귀신이에요. 지난 번 아시모와 휴보가 가위 바위 보 게임을 했어요. 우리 휴보가 백날 이기는 거지요. 왜? 아시모는 백날 보만 내니까요.

그런데 우리나라에 로봇이 많아요. 세브란스 병원에 가면 레오나르도다빈치 로봇이 맹장 수술을 해요. 앞으로는 로봇이 인간을 대신해서 모든 일을 처리하겠지요. 로봇의 종류는 상당히 많아요. 군사용, 산업용, 생산용, 게임용, 엔터테인먼트용, 수술용 등. 이러한 수많은 로봇 가운데서 정말 대단하고 미래의 부를 창출할 로봇은 바로 인간과 같이 사는 로봇입니다. 인간과 같이 자고, 같이 사는 이러한 로봇이 진정한 로봇입니다. 이런 로봇은 일본이 꽉 잡고 있습니다. 하지만 우리나라도 2005년에 '까라면 까는' 한국인의 끈기로 1년 만에 에버원이라는 여자 로봇을 다시 깠지요. 조만간 남자 로봇도 나올 거예요.

2020년이 되면 우리 과학자들이 로봇에다가 인간의 감정을 넣을 거예요. 2020년이나 2030년이 되면 로봇이 감정을 갖는다는 말이에요. 말은 못해도 감정을 가지면 문제가 생긴다는 거예요. 잘못했다가는 로봇이 인간을 해칠 수도 있고 인간이 로봇을 해칠 수도 있기 때문에, 전 세계에서 우리나라가 최초로, 산업자원부의 주도로 로봇 윤리헌장을 만들고 있어요. 유럽도 준비하고 있고 일본도 준비하고 있지만, 우리 한국이 제일 빨라요. 로봇이 인간을 해쳤을 경우에 누가 책임을 져야 하나? 로봇 제조자가 책임을 져야 하는 건지, 로봇 안의 소프트웨어를 만든 사람이 책임을 져야 하는 건지, 아니면 사용자가 책임을 져야 하는 건지, 이런 것들을 잘 조정하여 윤리헌장을 만들어 정확하게 준비를 해 놔야 2020년이나 2030년에 한국이 로봇경제를 주도할 수 있지요. 이 윤리헌장 초안을 지금 내가 쓰고 있어요. 나중에 다시 와서 그 내용을 알려 드릴게요.

이번에는 디스플레이 기술이 어느 방향으로 가는지 대략 살펴보고 오늘 강의를 끝내도록 할게요. 오늘날 액정크리스털디스플레이(LCD)는 여기 그림처럼 일반 유리 컴퓨터가 되는 거예요. 영화 〈토탈리콜〉에서처럼 버튼 하나만 누르면 유리창이 전부 디스플레이로 변했다가 또 한 번 누르면 밖을 볼 수 있는 일반 창문이 되는 거지요. 지금의 유기발광다이오드(OLED)는 플라스틱으로 가는 거예요. 플라스틱 안에 트랜지스터가 들어가면 TV도 둘둘 말아 주머니에 갖고 다니는 거지요. 부산대학교 교수님들이 2006년도에 여름이나 겨울철에도 100퍼센트 전기를 전도하는 획기적인 폴리아닐린이라는 물질을 발견했어요. 이 물질을 이용해 10년 안에 입는 컴퓨터가 상용화하면 한국의 두 분 교수님들은 노벨화학상을 받을 확률이 높아요.

여러분들의 아날로그 책들은 모두 전자종이로 바뀌게 됩니다. 그러면 전자 책 안의 그림을 클릭하면 동영상도 나오겠지요. 이게 바로 2015년경에 상용화할 전자종이 책이에요. 전자종이 책에 꽃이 있으면 향기가 나겠지요. 이를 오감통신이 가능한 컴퓨터라는 거지요. 2015년이 되면 가상으로 친구들을 불러낼 수도 있어요. 가상현실에서 옷도 같이 입어보고, 안경도 같이 써보고, 맘에 맞는 옷을 같이 살 수도 있고, 신발을 살 적에도 집에서 발을 스캐닝해서 발 사이즈를 가상 컴퓨터에 자동으로 입력하면 가상 컴퓨터에서 신발을 신어보고 사는 거예요.

이렇게 해서 첫 시간에 거시적인 시간과 공간과 인간의 매트릭스에서 미래의 부를 창출하는 거시적인 기술들을 살펴보았고, 그 다음 미시적인 정보기술, 나노기술, 그리고 바이오기술의 융합기술들을 살펴보았으며, 인간의 노동력을 대체할 수 있는 로봇공학기술, 그리고 마지막으로 정보를 표시해주는 디스플레이 기술까지 다 봤어요.

도움이 되었어요? 감사합니다.

동아시아의 융합문화 만들기

이어령

중앙일보 고문

동(東)과 서(西)의 상징, 용(龍)과 키메라

이 지구에는 서로 다른 3천 개 가까운 문화를 가진 사람들이 2 백도 안 되는 나라에서 살고 있습니다. 만약 모두가 문화를 단위로 하여 독립 국가를 만들고자 한다면, 이 지구에는 3천 개의 국가가 생겨나야 할 판입니다. 동서 냉전이 가신 뒤 급격하게 정치·경제의 패러다임이 문명, 문화 패러다임으로 전환하면서 세계의 40퍼센트 가까운 지역에서 문화, 문명의 충돌이 벌어지고 있는 것도 그 때문입니다.

경제·정치의 이해 관계보다도 이제는 언어·종교·생활양식, 그리고 인종의 대립들이 분쟁과 갈등의 표면으로 드러난 '태풍의 눈'이 되었습니다. 한때 세계적인 화두로 등장했던 헌팅턴의 문명 충돌설이 바로 그것입니다.

그러나 한편에서는 문화는 충돌하는 것이 아니라 조화와 균형을 이루는 것이며, 분열이 아니라 통합하는 것이라고 주장하는 사람들도 생겨나고 있습니다. 그래서 서로 다른 문화를 인정하는 다원주의(多元主義) 문화, 그리고 좀더 넓은 문화권의 아이덴티티를 요구하는 흐름이 일고 있습니다. 중국의 역사를 보면 많은 전란 속에서도 여러 민족의 문화가 발효하여 잘 융합해 왔습니다. 중국(中國) 고전(古典)의 연애소설(戀愛小說)을 보면, 이방인들과의 사랑이 주류를 이루고 있으며 역대 황제(皇帝)들 가운데도 한족(漢族)이 아닌 사람이 4할 이상이 된다고 합니다.

자기와 다른 문화를 인정하고 포용하려는 조화의 정신을 가상의 동물로 나타낸 것이 바로 중국 문화권의 용(龍)이기도 합니다. 용은 여러 동물의 부분을 따서 모아 만든 것으로 사슴의 뿔, 낙타의 머리, 소의 귀, 호랑이 발[掌]에 독수리의 발톱, 토끼 눈에 몸통은 뱀 또는 양자강의 악어를 닮았다고 합니다. 거기에 잉어의 비늘과 수염을 지니고 있다고도 합니다. 이렇듯 용의 힘은 개체가 아니라 서로 성질이 대립하는 생물들을 결합하여 조화와 균형을 이룬 복합수(複合獸)로서 지상 최고의 영물(靈物)을 만들어낸 데 있습니다. 어떤 주장으로는 옛날 중국 대륙에서 살고 있던 종족들을 하나로 결속시키기 위해서 각자의 신앙을 나타내는 동물의 토템을 통합하여 만들어낸 것이 용의 모습이라고도 합니다. 그렇기 때문에 천하를 통치하는 황제와 동일시하여 용안(龍顔)이니 용궐(龍闕)이니 하는 말도 생깁니다.

왕권의 지배가 사라진 오늘날에도 용은 56개나 되는 다민족(多

民族)이 어울려 살아가는 중국의 융합력과 동시에 아시아의 여러 나라가 서로 다른 정치체제나 경제력의 차이에도, 서로 공존하고 있는 문화적 특성을 표상하기도 합니다. 용(龍)만이 아니라 용봉정상(龍鳳呈祥)이라는 말이 있듯이 봉황이나 주작(朱雀), 현무(玄武)와 같은 상서(祥瑞)로운 신수(神獸)들도 모두가 성질이 서로 다르거나 대립하는 생물들을 한데 결합한 복합수이며 양성구유(兩性俱有)들입니다. 이 점이 바로 모든 문화, 문명이 이항대립체재(binary opposition)로 발전해온 서양과 다른 동양의 특성을 암시하는 것이라 하겠습니다. 그렇기 때문에 같은 복합수인 서양의 키메라는 상서롭거나 아름다운 조화를 이룬 용이나 봉황과 달리 흉칙한 괴물로 그려져 있습니다. 용과 키메라의 차이는 동양과 서양의 두 문명을 가르는 요소이며, 동서가 하나로 발전해 갈 세계화의 과제이기도 한 것입니다.

한중일(韓中日)의 동북아 문화권은 수천 년 동안 대륙, 반도, 섬의 서로 다른 지리적 환경과 생활양식의 차이 속에서 살아오면서도 서로의 이질성과 동질성을 인정하고 그것을 수용하는 문화적 관용주의를 실현해 왔습니다. 다 같은 한자를 사용하면서도 한국은 한글을, 일본은 가나를 만들어 한자와 혼용, 변용해 왔습니다. 이렇게 표의(表意)와 표음(表音)의 전혀 다른 문자 체계를 융합, 혼용해 온 문화는 동북아 지역 말고는 찾아보기 힘들 것으로 압니다. 오늘날 한중일 젊은이들이 한국에서 함께 모일 수 있는 것도 실은 종교의 분쟁이나 충돌 없이 수천 년 동안 함께 나누고 키워온 문화를 공유해 왔기 때문이라고 생각합니다.

삼교일치(三敎一致)의 21세기적 의미

유태교, 기독교, 이슬람의 경우처럼 만약 유(儒), 불(佛), 도(道) 삼교가 습합(褶合)을 이루지 않았더라면 우리의 이 같은 평온한 만남은 불가능했으리라고 봅니다. 다소의 갈등은 있었다고 해도 천·지·인(天地人)이 하나가 되고, 유·불·도의 종교적인 힘이 한데 어우를 수 있는 이 문화적 특성이야말로 문명(종교) 충돌의 시대에 살고 있는 우리에게 미래의 방향을 시사하고 있는 21세기 문명의 화살표가 되어줄 것이라고 믿습니다.

동북아 지역의 문화가 공유해온 인(仁)과 화이부동(和而不同)의 화(和), 그리고 불교의 원융회통(圓融會通)의 네 한자가 품고 있는 뜻이야말로 글로벌 시대에 지녀야 할 덕목이라고 생각합니다. 일상적인 생활어를 봐도 분명합니다. 영어의 엘리베이터는 올라가기도 하고 내려오기도 하는 것인데도, 그 말 속에는 '위로 올라가는 것'이라는 일방적인 뜻 밖에는 없습니다. 두 가지 운동을 하는 것을 포용하지 못하고 어느 한쪽만을 선택하는 서구적 이항대립 (binary oppostion)의 배제적 문화 전통의 산물입니다. 영어만이 아니라 불어의 'ascenseur', 독일어의 'Fahrstuhl'도 마찬가지입니다.

그러나 엘리베이터를 한자로 표기할 때에는 승기(昇機)라고 하지는 않습니다. 승강기(昇降機)가 아니면 전제(電梯)입니다. 오르락 내리락하는 양방향의 움직임을 그대로 나타낸 말입니다. 특히 한국 문화는 중국 대륙문화와 일본의 해양문화를 동시에 어우른 반도문화를 지니고 있기 때문에 서로 다른[相反] 두 요소를 하나

로 융합하는데 특이한 힘을 나타내고 있습니다. 곧 either-or가 아니라 보스 앤드(both and)의 매개(intermediation)의 문화(cutlture)라고 말할 수 있습니다. 가령 '서랍'이라는 말을 두고 생각해 보시면 알 것입니다. 영어의 드로우어(drawer)는 '풀 아웃'이라는 뜻으로 밖으로 빼낸다는 뜻을 내포하고 있고, 일본어의 히키다시(ひきだし)나 중국어의 추체(抽屜) 역시 모두가 밖으로 빼낸다는 일방적 의미밖에는 없습니다. 하지만 한국말의 '빼다지'는 빼고 닫는 두 개의 작용을 동시에 나타내고 있는 말입니다. 외출(外出)이라는 말까지 한국에서는 나들이라고 합니다. '나가다와 들어오다'의 반대말을 하나로 합친 말인 것입니다.

차(茶)문화를 통해서 본 한중일 문화

서양학자들도 상반하는 것들을 어우르는 화합정신을 생활 감각으로 구현한 것이 아시아 삼국의 차문화(茶文化)라고 말하고 있습니다. 현존하는 프랑스의 한 학자는 "이 지상에 금(琴), 기(棋), 서(書), 화(畵), 시(詩), 주(酒), 그리고 차(茶)를 '文人七寶'로 삼고 있는 민족, 천 년도 훨씬 전에 차를 신(薪), 미(米), 유(油), 염(鹽), 장(醬), 초(酢)와 더불어 일상생활에서 '開門七事'로 삼고 살아온 문화는 중국 말고 또 어디에 있겠는가"라고 되묻고 있습니다. 실제로 오늘날 세계 여러 나라에서 차를 뜻하고 있는 말들은 모두가 중국말의 차에서 비롯되었다는 사실을 우리는 잘 알고 있습니다.

'茶'를 광동어(廣東語)로는 차(cha)라고 하고 복건어로는 다(tay)

라고 하기 때문에 광동에서 육로를 거쳐 차문화가 들어간 지역들, 힌두·페르시아·아라비아·러시아, 그리고 터키와 같은 나라에서는 조금씩 차이는 있어도 '차'라고 하고, 복건성의 해상 루트로 차가 들어간 네덜란드, 프랑스, 독일 그리고 영국은 영어의 티(tea)처럼 모두가 '다'문화 계통에 속해 있습니다. 그리고 한국과 일본은 '다방에서 차를 마신다'라는 경우처럼 '다'와 '차' 두 음을 다같이 받아들여 사용하고 있습니다.

우리는 이같이 세계의 언어가 된 중국의 차문화를 통해서 세계로 뻗어간 중국 화상(華商)들의 파워가 어떠한 것인지 짐작할 수가 있습니다. 차는 단순한 무역 상품이 아니라 글로벌한 소프트 파워의 모델이라고 할 수 있기 때문입니다. 물과 불을 융합시킨 차문화야말로 화이부동의 정신을 상징하는 것이며, 서양말로는 번역 불가능한 '담(淡)'의 미학을 보여주는 것입니다.

한 마디로 중국의 차문화는 콜라처럼 단순히 갈증을 축여(해소해)주는 음료가 아닙니다. 물(水)과 불(火)이 영원히 융합할 수 없는 상극 대립하는 현상을 나타내는 것이라면, 차문화는 그 상반하는 두 요소를 조화시켜 주는 융합의 힘이라고 할 수 있습니다. 그래서 오늘날 중국의 학자들은 중국의 차문화가 "이 세상에서 화(和)와 정(靜)을 구하여 사람들의 마음을 결합시키고, 그러한 정신은 국제 관계에서도 중요한 역할을 보여 준다"고 주장하고 있습니다.

중국의 개방 과정에서도 이러한 인(仁)과 화(和)의 정신은 성공적으로 작용해 왔습니다. 사회주의와 자본주의의 대립하는 냉전 논리를 넘어서 상반하는 두 체제를 하나의 틀 속에 담아냈습니다. 일국 두 체제[一國兩制]의 정책도 그렇습니다. 그것을 구체적인 시각의 세계로 보여주고 있는 것이 북경대학의 국제관계학원의 초현대적인 세 동(棟)의 건물이라고 합니다. 좌측 동에는 홍콩의 회사, 중앙(中央)은 이탈리어 기업, 그리고 우측에는 홍콩의 다른 회사의 자금 지원으로 세워진 건물이 있습니다. 그것들은 각기 조화를 이루면서 동시에 본래의 구건물들과도 잘 조화를 이루고 있습니다.

하지만 '중국인의 문화와 예의가 가장 완벽하게 드러나 있다'는 그 차문화를 지나치게 강조하려고 할 때 오히려 차의 정신을 잃는 경우가 생깁니다. 말하자면 '포화(砲火)와 권력을 찬(讚)하는' 서양과 달리, 차를 사랑하는 "중국은 평화적이며 조용하고 인정 많고 의연(毅然)하고 끈기가 있다"고 말하거나 혹은 "일본의 다도(茶道)처럼 융통성이 없는 것도 드물다. 우리 중국인의 삶의 방식으로 보면 일본의 차 맛에는 삶의 기쁨이라는 것이 전혀 나타나 있지 않다"라고 비난하고 있는 오늘의 몇몇 중국학자의 말 속에는 반미 반일의 배타적인 민족 우월주의 또는 흔히 말하는 문화 제국주의적 위험 요소가 잠재해 있는 것으로 오해될 수도 있기 때문입니다. 타자와의 융합을 상징하는 중국의 다(茶)문화 예찬이 오히려 다문화의 정신에 위배되는 편협한 일방주의 문화를 낳는 아이러니컬한 현상을 가져오게 됩니다.

아시아에 나타나고 있는 민족주의

그와 비슷한 일이 지금 세계 도처에서 일고 있습니다. 냉전 뒤

보스니아를 비롯한 세계 도처에서 일고 있는 지역 분쟁의 대부분은 자기 문화의 우월성을 내세우는 국수주의적 문화와 인종주의에 그 뿌리를 두고 있는 경우가 많습니다. 그래서 일본의 평화헌법의 폐기, 야스쿠니 신사 참배, 역사 왜곡 문제 등이 한국과 중국을 긴장시키고 중국의 동북장정이 한국을 불안하게 하고 있습니다. 또한 중국의 군사비(軍事費)가 벌써 국민총생산(GDP)의 3퍼센트대에 이르고 항공모함을 건조(建造)하는 등 일본과 패권 다툼이 일어나는 게 아니냐는 우려를 낳기도 합니다. 여기에 북한의 핵개발도 아시아 지역의 먹구름이 되고 있습니다. 유·불·도의 융합으로 상징되는 아시아 삼국의 모럴 폴리틱스가 파워 폴리틱스로 향하고 있는 징후들이 나타나고 있는 것입니다.

그에 대하여 중국은 세계 톱의 자리가 아니라 그 중심을 점(占)하기 위한 다극세계(多極世界)의 구축(構築)에 있다는 것, 곧 중국은 지배가 아니라 단지 영향력의 행사(行使)에 있는 것이라고 자신들의 태도를 천명하려고 합니다. 중화(中華)의 극을 누린 11세기에서 17세기동안 세계 최대의 함대(艦隊)를 보유했고, 높은 경제력과 기술력을 지니고 있었을 때에도 유럽인들과는 달리 어떤 민족의 문명도 멸한 적이 없었다고 말입니다.

실제로 후진타오 주석(胡錦濤 主席)의 신세대 지도자들은 4불정책(4不政策)을 표방하고 있습니다. 패권주의도, 힘의 정치도, 블록정치도, 군확경쟁(軍擴競爭)도 모두 아니라는 것입니다. 그 대신 '신뢰관계를 구축하고, 곤란(困難)을 완화하고, 협력관계를 발전시켜, 대결을 회피'하는 화합의 정신을 강조하고 있습니다. (2004년 4월 연설)

　새롭게 대두하고 있는 국수주의적 경향은 일본에서 더욱 두드러지게 나타나고 있습니다. 한국과 중국이 반대하고 있는 분쟁 속에서 오히려 8월 15일 야스쿠니 신사에 참배한 일본인은 몇 년 전의 6만에 견주어 그 3배가 넘는 20만 명으로 불었습니다. 그리고 각종 우익 단체의 행사도 더욱 노골화하여 군복과 군기를 휘두르며 천황주의, 민족주의 등을 찬미하는 구호를 부르기도 했습니다.

　한국에서는 북한 핵이 주변국들의 이슈로 떠오르고 있습니다. 이 문제에서도 역시 '우리끼리'라는 민족주의 문제가 주변국과 미묘한 외교 문제의 이슈로 떠오르고 있습니다. 더구나 분단국가인 한국에서 피는 그 어느 것보다도 짙은 것으로 인식될 수도 있습니다.

　최근의 영토, 역사, 그리고 군사 문제를 포함한 동북아시아의 긴장과 분쟁은 자민족 중심주의로는 해결하기가 힘든 것들입니다. 오히려 오늘날과 같은 글로벌 시대의 환경 속에서 서로 폐쇄적인 민족주의를 고집하게 된다면 우리는 과거에 일본이 걸었던 황국주의 시대의 참담한 역사를 되풀이하는 위기를 초래하게 될는지도 모릅니다. 아시아에서 반일(反日)은 당사자인 일본을 포함해서 과거 일본의 천황이데올로기의 국수주의에 대한 경계에서 나온 것입니다. 어느 나라도 그러한 폐쇄적인 민족우월과 인종차별주의의 길을 걷게 되면 일본의 패전처럼 멸망의 길을 걷게 될 것이라는 교훈인 것입니다.

불행했던 아시아의 패권주의 문화

민족주의가 자국 중심의 폐쇄성에서 개방적인 열린 민족주의로 나아가기 위해서는, 그리고 아시아가 공유해온 문화가 더 큰 세계의 보편적 가치로 나아가기 위해서는 오늘 이 자리에 모인 여러분들과 같은 젊은이들이 패권 없는 새로운 공존의 역사를 만들어내야 할 것입니다.

"오 신비한 힘이여, 둘이면서도 하나인 동양의 나무 은행잎이여"라고 노래한 괴테의 시처럼, 동양의 그 신비한 힘을 21세기의 정보혁명의 네트워크를 통해서 전 세계에 보여줘야 할 것입니다. 한때 화제를 몰고온 헌팅턴의 문명 충돌론이 바로 그것입니다. 하지만 한편에서는 문화는 충돌하는 것이 아니라 조화와 균형을 이루는 것이며, 분열이 아니라 통합적인 것이라고 주장하는 사람들도 있습니다. 그래서 한 옆에서는 서로 다른 문화를 인정하는 다원주의 문화, 그리고 좀더 넓은 문화권의 아이덴티티를 요구하는 흐름이 일고 있습니다. 그래서 영어의 컬처(Culture)를 복수형으로 컬처스(Cultures)로 표기하는 경우가 많아졌습니다.

그러나 아시아 삼국에서는 서구의 경우처럼 문화를 표기하는데 단수로 하느냐 복수로 하느냐 하는 것이 처음부터 문제가 되지 않았습니다. 왜냐하면 한자어를 사용하고 있는 동북아에서는 한중일 어느 나라에서든 단·복수의 구별 없이 그냥 '문화'라고 쓰면 되기 때문입니다. 언어의 형태면에서도 한중일 세 나라 사람들은 단·복수를 따지지 않고 사용하는 경우가 많습니다. 동북아의 문화가 중국과 한국과 일본의 제각기 다른 목소리를 갖고 다양하게 발전해 왔으면서도 하나의 큰 문화권을 이루어 오게 된 것은, 문화의 동질성과 이질성을 인정하고 그것을 수용하는 문화적 관용주의가 있었기 때문이라고 봅니다. 그 관용성은 문화를 단수냐 복수냐로 따지지 않고서도 그냥 표기할 수 있는 문화의식을 지녔기 때문이라고 볼 수 있습니다. 우리가 이렇게 무릎을 맞대고 동북아 문화를 자유롭게 논의할 수 있는 것도 문화의 단·복수를 초월한 문화 개념을 오래 전부터 지니고 있었기 때문이라고 할 것입니다.

아시아 문화에 보편성은 있는가

앞에서 용의 이야기를 했습니다마는, 서양에서는 동양과 반대로 용이라고 하면 악을 상징하지요. 그래서 반드시 악용(惡龍)을 죽여야만 아리따운 공주와 결혼을 하는 '샌 조지 콤플렉스'라는 서구문명의 특성이 생겨나기도 했습니다. 그런 서구사회에서도 요즘에는 반대의 의미를 하나로 합치는 '포트만토'라 불리는 신조어들이 많이 만들어지고 있습니다. 인터넷과 관련된 말들의 대부분이 그런 것입니다. '인터액션'을 바탕으로 한 지식 정보화시대의 특성이기 때문입니다.

그래서 에듀케이션(education)과 놀이(entertainment)가 에듀테인먼트(edutainment)가 되고, 생산자(producer)와 소비지(consumer)가 통합하여 'prosumer'라는 말을 낳게 됩니다. 말만 그런 것이 아니라 실제로 놀이터는 교육장이 되어가고 교육장은 놀이터처럼 되어 상호간의 벽이 무너져 갑니다. MIT의 한 교수는 이렇게 얘기한 적이 있습니다. 날이 갈수록 MIT 공과대학은 디즈니랜드처럼 되어가고 디즈니랜드는 MIT를 닮아간다고 말입니다. 미국 동부 지역의 디즈니랜드에는 아이들 놀이시설만이 아니라 세계 최고의 과학관이 들어서 있습니다. 롤랑 바르트가 언젠가 고백했던 것처럼 서양문화의 특성은 이항대립체계로 되어 있어 모든 것을 나누고 한쪽을 배제하는 것이 그 특징입니다.

이더 오어(either-or)의 이자 선택에서 중간항을 허락하지 않은 배제의 논리 속에서 살아왔다고 해도 지나친 말이 아닙니다. 하지만 인터넷으로 네트워크(network) 사회, 디지털혁명의 인터액션(interaction)의 패러다임 변화 속에서 살아가는 정보사회에서는 경계 파괴와 크로스오버가 일어납니다. 내뱉는 숨과 들이마시는 호흡으로 인간이 살고 있는 것처럼 문명의 숨결도 일원론이냐 이원론이냐 하는 것으로는 따질 수 없는 하나이자 둘인 양의적 관계를 지니게 됩니다.

개체론에서 관계론, 절대주의에서 상대주의로 패러다임 전환을 하게 되면서 선형적 논리가 탈구축되어 갑니다. 이른바 컴플렉시티(complexity)라고 하는 복잡과학 프럭츄에이션(fluctuation), 프랙탈(fractal), 퍼지(fuzzy)와 같은 3F로 상징되는 새로운 과학이론들이 모두 그렇습니다.

반도의 지오컬처와 그 의미

지오컬처의 입장에서 보아도 이 양의성을 포함하고 있는 문화적 특성을 가장 많이 지니고 있는 것이 반도입니다. 한반도는 거대한 대륙과 열도(列島)로 이루어진 섬나라 사이에 참으로 작고 위태롭게 끼어 있습니다. 그러나 이 반도가 대륙과 섬 사이에 존재하지 않았더라면 동북아시아의 문화는 결코 오늘과 같지는 않았을 것입니다. 중국과 일본이 과연 어떻게 되었겠는가를 상상해 보시면 알 것입니다.

강대한 대륙문화와 해양문화 사이에 반은 바다요, 반은 대륙인 반도문화의 매개 항을 사이에 두고 있었다는 것은 동북아 문화의 독특하고도 결정적인 의미를 부여하는 것이라고 생각됩니다. 이것은 마치 모두 닫힌 주먹과 모두 열려져 있는 보자기의 이항대립 사이에 반은 열리고 반은 닫힌 가위가 존재하는, 가위 바위 보 게임과도 같은 것입니다. 가위가 있기 때문에 닫힌 구조가 가치 서열적 이항대립의 시스템에서 벗어나 변화하고 순환하는 열린 시스템으로 나가게 됩니다.

동양에서 서양으로 들어갔다는 이 가위 바위 보의 시스템 속에서는 절대적인 패자라는 것이 없습니다. 보자기는 주먹을 이깁니다마는 가위에게 집니다. 하지만 가위는 보자기를 이기면서도 주먹에게는 집니다. 선형논리의 히에라키 같은 것은 존재하지 않습니다. 한 바퀴 돌아서 제자리로 돌아오는 쥐의 결혼식과 같은 설화 구조이지요. 실제로 무역균형에서 한중일은 가위 바위 보의 구조로 순환하고 있습니다. 한국은 중국에 흑자를 내고 일본은 한국에 흑자를 냅니다. 그런데 중국은 일본에 흑자를 내고 있습니다.

이렇게 대륙과 반도와 섬의 세 가지 지오컬처를 유지하면서 이천 년 이상 살아온 지역은 아마도 동북아를 제외하고는 그 예를 찾아볼 수 없으리라고 봅니다. 그런 조화를 가능케 한 것이 바로 반도문화라고 봅니다. 대륙도 아니고 바다의 섬도 아닌 인터미디에이트 컬처(intermediate culture), 그레이 존(gray zone), 매개 항(mediation)으로서의 한국의 반도문화가 물과 불을 상극이 아니라 상생으로 이끌어간 가마솥 같은 구실을 한 것입니다. 맛있는 요리를 만들어내는 그 불과 물의 조화 말입니다.

동북아 삼국의 서브컬처에서 생활문화에 배어 있는 상호작용의 문화를 동북아에서는 인(仁), 덕(德), 화(和), 서(恕) 등의 덕목으로 불러왔으며, 그 가운데서도 일본은 화를, 중국은 인을, 한국은 덕을 더 많이 강조해왔습니다. 같은 젓가락이라 하더라도 여럿이서 원탁에 함께 앉아 식사를 하는 중국에서는 길어지고, 생선을 잘 먹는 일본에서는 생선가시를 발라먹기 위해서 젓가락 끝이 뾰족하고, 나물을 잘 먹는 한국인들의 젓가락은 중국과 일본의 그 중간 형태를 하고 있으며 쇠 젓가락으로 되어 있는 것이 특징입니다. 중국, 일본과 달리 한국의 음식물은 국물이 많아 숟가락을 많이 사용하게 되고, 젓가락은 이 숟가락과 짝을 맞추기 위해서 그렇게 된 것입니다. 작지만 이 젓가락 모델을 발전시켜가면 아시아 네트워크 국가의 장점이 무엇인가를 깨닫게 될 것입니다.

아시아에 네트워크 국가가 생긴다면

이 지구에는 문화권으로 세분할 수 있는 지역들이 많이 있습니다마는, 고지도(古地圖)에서 그 원형을 찾아보면, 유럽과 아시아의 두 문화권이 떠오르게 됩니다. 기원전에 만들어진 헤커타이어스(Hekataios)가 그린 최초의 세계지도에도 그 원형이 나타나 있습니다. 그 지도에는 놀랍게도 유럽과 아시아의 구분밖에는 없고, 그것도 동서 축이 아니라 아시아는 남쪽에, 유럽은 북쪽에 위치해 있는 북남 축의 세계관을 나타내고 있습니다.

지도만이 아니라 아시아와 유럽이라는 어원을 캐보아도 알 수 있습니다. 콜호넨 교수의 연구에 따르면 아시아라는 말과 유럽이라는 말은 4,500년 전 지중해 근방의 아카트 말에서 비롯된 것이라 합니다. 곧 아시아는 해가 뜬다는 뜻의 '아수(asu)'라는 말에서 나온 것이고, 유럽(europa)은 해가 진다는 '에레브(erebu)'라는 말에서 나온 것이지요.

이렇게 서양의 고지도나 고어 속에 이미 아시아는 해가 뜨고 지는 은유적 대립 공간으로 존재하고 있었으며, 그것은 오늘날까지 유럽과 양분되는 문화지리적 공간으로 인식되어 온 것이라고 말할 수 있습니다. 아시아는 유럽의 상대적 관련에서 이를테면 바이너리 코드로 존재해 왔다는 것입니다. 그것이 지리적 공간이라기보다는 은유적 공간이라는 사실은, 중앙아시아라는 말이 존재하고 있지만 북아시아, 서아시아라는 말은 찾아볼 수 없다는 데서도 짐작할 수가 있습니다. 동남아시아라는 말도 마찬가지입니다. 동북아에서 볼 때 동남아는 결코 동남쪽에 있지 않기 때문입니다. 한국이나 일본을 중심으로 하면 동남아는 서남아라고 해야 옳을 것입니다. 곧 아시아나 동양이라는 말은 모두 서양을 중심으로 해서 명명된 것이고, 유럽을 기축으로 한 방향의식이라는 점입니다.

아리스토텔레스와 같은 학자들의 글에서도 아시아는 유럽과 다른 상대적 의식을 나타내는 공간으로 등장합니다. 그는 《정치학》에서 아시아를 문명의 대륙으로 보고, 유럽을 야만의 대륙으로 묘사하고 있습니다. 아시아안은 지적이지만 자유가 없는 대제국에서 산다고 말입니다. 이에 견주어 유럽은 자유롭지만 지력이 모자라 훌륭한 폴리스를 만들지 못한다고 하며, 희랍인만이 자유로우면서도 지적인 좋은 성질을 지닌 인간으로서 그려지고 있습니다. 아시아와 유럽 사이의 제대로 된 작은 국가 속에서 자유로운 문명생활을 하고 있다는 것이지요.

그러나 아리스토텔레스가 말한 아시아의 제국에 와 보면, 아시아가 없다는 것을 알 수 있습니다. 자, 다시 한 번 현수막에 씌어진 영어로 된 Asia와 한자로 써놓은 그 문자를 잘 보십시오. 물론 아세아(亞細亞)는 16세기 후반 마테오 리치가 들어왔을 때 중국어로 번역한 지명으로 '細'자가 들어있는 것에 주목할 필요가 있습니다. 대제국이라고 한 아시아를 한자로 적을 경우 '細'자가 붙게 되는 것은 중국이 자기네들을 아시아로 생각하지 않았기 때문입니다. 희랍이 어리석다고 말한 유럽에 속해 있는 것으로 생각지 않았던 것처럼 말입니다. 중화사상으로 보면 아세아란 대명제국의 변두리에 사는 동이(東夷)를 비롯한 오랑캐 나라들이 살고 있는 지역으로 생각했던 것입니다.

탈아입구(脫亞入歐)로 문명개화(文明開化)한 일본도 아세아에 있지 않았던 것입니다. 한마디로 아시아는 서구의 바이너리 코드로 존재하는 공간으로 존재하였지만 아시아에는 중국도 일본도 한국도 없는 공간으로 오늘에 이른 것입니다.

서구문명의 대립항으로서의 오리엔탈리즘이 아니라 독자적인 아시아의 네트워크 국가의 권역이 생겨나게 된다면 글로벌 문명은 세 다리로 자연스럽게 조화와 균형을 만들어내 일국 중심의 패권주의에서 벗어날 수 있으리라고 봅니다.

곧 EU의 유럽문화권, 나프타의 미국문화권, 그리고 아시아의 세 나라가 더 큰 가위 바위 보의 세 축으로 균형과 조화를 만들어가게 될 것입니다. 그리고 한국은 아시아의 대륙과 해양을 조화하는 반도만이 아니라 지구를 에워싼 해양 대 대륙의 두 문명을 충돌이 아니라 조화로 이끌어가는 반도로서 구실을 하게 될지도 모릅니다.

디자인 이해를 위한 디자인 명언들

이영혜
디자인하우스 대표이사

디자인이라는 것은 사회와 더불어 변천해 왔습니다. 나는 디자인의 개념이 어떻게 흘러왔는가에 관한 이야기를 하려고 합니다. 디자인이란 한마디로 아트와 비즈니스 사이에 있다고 정의하고 싶습니다.

요즘 한창 부가가치를 올리고 있는 디자인이란 영역을 선택한 여러분은 미래를 볼 줄 아는 눈과 마음을 가졌다고 여겨집니다. 디자이너는 굉장히 부지런해야 합니다. 지금 세상에는 어떤 일이 일어나고 있는지, 사회학자보다 더욱 잘 알아야 합니다. 많이 돌아다녀야 하고 요즘 어떤 개념이 유행하고 있는지, 그 다음에는 어떤 흐름이 올 것인지를 알고 있어야 합니다. 우리가 꼭 60살이 되어야만 60살의 느낌을 아는 것은 아닙니다. 책이나 영화를 통해서도 충분히 알 수 있지요. 그런 간접 경험이라는 의미에서 디자인을 이해하기 위한 명언을 몇 가지 골랐습니다.

형태는 기능을 따른다

초기 디자인의 패러다임은 "쓸모 없는 것은 아름답지 않다"(오토 바그너)라는 것이었습니다. 이게 무슨 말일까요? 20세기 이전의 사람들은 주로 장식적인 것을 아름답고 기품있는 것으로 여겼습니다. 따라서 기능과 별 관계없는 불필요한 장식이 물건의 형태를 특징지었지요. 이러한 장식주의에 반기를 들고 나타난 것이 바로 "형태는 기능을 따른다"(루이스 설리반)라는 선언입니다.

이로 말미암아 기능주의자들이 생겨나기 시작했습니다. 기능주의자들은 군더더기 없이 기능적으로 진화한 자연에서 영감을 얻었습니다. 비행기의 구조도 잘 날 수 있게 생긴 곤충, 새 같은 자연이 사실 다 가르쳐 준 거예요. 오늘날까지 우리의 삶에 큰 영향을 주고 있는 '바우하우스'는 기능주의의 영향으로 태동했습니다. 그 이전까지는 많은 장인들이 몇 년에 걸쳐 귀족의 대문 하나 만들던 시절이었는데, 사회적으로 민주주의가 싹트기 시작하면서 디자인에도 민주주의가 찾아오기 시작합니다. 바우하우스의 정신은 '귀족 몇 명을 위해 디자인한다는 것은 말이 안 된다. 많은 사람을 위해 디자인하자'라고 요약할 수 있습니다.

많은 사람을 위해 디자인하려면 대량생산이 제일 중요한데, 이를 위해선 규격이 딱 정해져야 했습니다. 깔끔하게 직사각형으로 떨어져야 기계가 다루기 쉽고 많은 양을 생산할 수 있기 때문이죠. 사람들의 체형, 여러 가지 상황을 고려한 표준 사이즈가 그때 만들어졌고 대량생산을 하니 가격이 낮아졌습니다. 오늘날 하나의 스타일이 된 청바지는 너도나도 같은 것을 가질 수 있다는 자신감을 사람들에게 심어준, 실은 대단한 혁명이었습니다. 이것은 디자인의 혁명일 뿐더러 소유의 혁명, 삶에 대한 혁명이 되었지요. 사실 세상 모든 것을 가만히 살펴보면 삼각형, 동그라미, 네모로 이뤄진 것을 알 수 있습니다. 바우하우스 시대에는 이러한 기하학을 중요한 기본 요소로 사용했는데, 건축에도 그대로 영향을 주었습니다.

미스 반 데어 로에라는 건축가는 "적을수록 많다(Less is More)"라는 유명한 말을 남깁니다. 단순하고, 적을수록 비용이 낮아지고 노동력도 절약되니 이익이 커지겠지요. 그런 의미에서 많다는 뜻입니다. 장식이 적어지면 공간을 넓게 쓸 수 있게 되니 경제적이기도 했고요. "적을수록 많다"는 미국의 산업 사회 진입에 어마어마한 힘이 됩니다. 청계천 근처 삼일 빌딩이 이 명제의 영향을 받은 우리나라 최초의 건물입니다. 그 시절에 등장한 제품의 디자인 역시 아주 절제되었다는 것을 알 수 있습니다.

그러자 로버트 벤추리라는 건축가가 단순하고 미니멀한 세상이 너무 지루하다며 "적을수록 많다"에 빗댄 "적을수록 지루하다(Less is Boring)"라는 주장을 들고 나왔습니다. 건축의 대량생산에 반기를 든 포스트모더니즘 시대가 열린 것이지요. 기능주의 속박에서 탈피한 1990년대에는 해체주의가 등장했고, 건축이 마치 패션처럼 유행하는 세상이 왔습니다. 형태가 기능을 따르는 것이 아니라, 디자이너의 영감과 즐거움을 따르는 혁신적 디자인의 시대가 열린 것이지요.

‘적을수록 많던’ 시대에는 그냥 사각형이었을 건물이 ‘적을수록 지루한’ 시대가 되자 장식이 가미되기 시작했습니다. 굉장히 조형적인 설계를 하는 프랭크 게리라는 세계적인 건축가가 이 스타일을 잘 보여줍니다. 이 사람의 건축은 ‘철의 꽃’이라고 불립니다. 쇠락해가던 도시 스페인 빌바오를 살린 구겐하임빌바오 미술관의 대표작 가운데 하나입니다. 이전에는 빌바오를 찾는 사람이 아무도 없었지만, 프랭크 게리의 구겐하임빌바오 미술관이 들어선 뒤 매년 200만 명이 넘는 관광객이 방문하는 명소로 거듭났습니다. 60만 명만 와도 좋겠다고 했는데, 몇 배가 넘는 사람들이 찾기 시작했으니 대성공을 거둔 셈입니다. 그러나 외형, 곧 건축물만 좋은 것으로는 부족합니다. 구겐하임빌바오 미술관은 멋진 건축과 미술관 내부의 예술품이 함께 어우러져 빛을 발한 케이스입니다.

포스트모더니즘하면 이탈리아 가구 디자인 산업을 이끈 에토레 소트사스를 빼놓을 수 없습니다. 책꽂이, 장식장 등 다용도로 쓸 수 있는 ‘칼톤’ 책장은 그 자체로 오브제이자 조각과도 같은 디자인입니다. 알레산드로 멘디니라는 유명한 디자이너가 자신의 여자 친구를 본 떠 디자인한 와인 따개는 전 세계적인 베스트셀러가 되었습니다. 이 제품을 모방한 디자인이 아주 판을 치고 있지요. 매년 4월에 열리는 밀라노 국제가구박람회에는 이런 생각의 반란이 넘쳐 납니다. 밀라노가 디자인의 도시로 불리는 것은 너무나 당연한 것 같습니다.

“좋은 디자인은 좋은 비즈니스다”(토마스 왓슨 주니어)는 최근에 가장 많이 쓰는 말이 아닐까 싶습니다. 좋은 디자인이 얼마나 중요한지를 기업, 아니 국가도 알고 있습니다. 좋은 예로서 이제는 'Made in'이 아닌 'Design by'의 시대가 되었습니다. 독일은 'Made in Germany'를 'Design Germany'로 바꾸고 있습니다. 제조 자체는 중국이나 인도 등 인건비가 싼 곳에서 하지만, 디자인은 독일에서 했다는 것을 강조하기 위해 'Made in india, Design Germany' 이렇게 표시합니다. 기업의 이미지를 만드는 CI도 강력한 힘이 되는 시대입니다. IBM의 CI를 디자인한 미국의 전설적인 디자이너 폴 랜드는 오늘날까지 변하지 않는 기업의 강한 아이덴티티를 만들어낸 것으로 유명합니다.

형태는 감정을 따른다

"형태는 감정을 따른다"(하르트무트 에슬링어). 20세기 후반을 지나면서 형태가 기능을 따르는 것이 아니라, 감정을 따르기 시작했습니다. 오늘날의 디자인은 논리와 설득보다는 감정적 호소로 소비자에게 접근하고 있습니다. 기능적으로는 썩 유능하지 않지만, 조각 같은 형태로 기쁨을 주는 필립 스탁의 주스 따개가 좋은 예라고 할 수 있지요. 우리는 평생 쇼핑을 하면서 살아가는 존재입니다. 평생 쇼핑하면서 나를 만들어갑니다. 오늘날의 쇼핑은 자신의 아이덴티티를 표현하는 행위니까요. "나는 쇼핑한다. 고로 존재한다"(바바라 크루거). 소비사회의 모습을 잘 보여주는 명제입니다. 이 말은 아마도 우리가 자연인 또는 원시인이 되지 않는다면 지속적으로 유용할 것 같습니다.

우리가 살아온 시대의 디자인이 이렇게 흘러왔습니다. 지금은 감성적인 것만으로는 부족한 세상이 되었고, 마케팅의 중요성이 부각되고 있습니다. 처음엔 마케팅의 개념도 제품에만 국한했으나 브랜드로 확장하였고, 이를 넘어 문화 마케팅의 시대가 왔습니다. 문화와 마음을 움직이지 못하면 아무것도 공유할 수 없는 시대가 온 거지요. 그렇다면 우리의 문화적 유산은 무엇이 있을까요? 예를 들어 부채는 쫙 펼쳐서 쓰고, 쓸 필요가 없을 때는 접어둡니다. 보자기는 네모로 싸면 네모가 되고, 둥그런 것을 싸면 둥그렇게 됩니다. 병풍은 열었다가 쓸 일이 없으면 접어서 구석에 세워둡니다. 융통성 있는 디자인이죠.

옛 것에서 찾아보면 세계적으로 히트 칠 상품이 분명 있을 겁니다. 우리는 더욱 재미있고 더욱 빠른 것을 원하는 '한계 효용'의 시대를 살고 있습니다. 그러나 과거는 미래의 거울이라고 했습니다. 21세기에는 놀라운 테크놀로지일수록 하이 터치를 건드릴 줄 알아야 합니다. 앞서 소개한 중요한 명제들을 꼭 기억한다면 더욱 훌륭한 디자이너로 성장할 수 있을 것입니다.

감사합니다.

무한의 도전

서성기

테라셈,
ACE벤처캐피탈 회장

여러분 반갑습니다.

오늘 강의는 은사님, 교수님, 교직원 여러분, 그리고 후배 여러분들 앞에서 내가 살아왔던 일, 그리고 주제인 '무한의 도전'에 대한 것을 여러분과 같이 한번 생각해보는 시간을 가지려고 합니다.

사실은 내가 직장 생활을 하다가 사업을 한 기간이 꽤 오래됐습니다. '어디서 매듭을 풀어야 여러분들과 공감대를 가질 수 있을까' 이런 생각을 많이 해봤는데, 또 너무 옛날이야기만 하다 보면 여러분들한테 지루한 얘기가 될 것 같아요. 그래도 한 번 짚고 넘어갑시다. 앞으로 살아가는 데 정말 도전은 무한대가 필요하기 때문에, 그런 것을 여러분들과 같이 생각해 보는 시간을 갖겠습니다.

내가 사실은 유한대학 1회 졸업생입니다. 그 전에는 유한공고도 졸업을 했습니다. 저쪽에 유한공고도 바로 옆이지만, 이 교정은 내가 5년 동안 다녔던 곳이기 때문에 항상 이 자리에 오면 맘이 푸근하고 평화롭습니다. 그래서 내가 고등학교 다녔던 시절부터 사업을 한 이야기, 그런 이야기들을 중심으로 강좌를 진행하고자 합니다.

내가 고등학교 다닐 때 유한공고는 전체가 장학생인 학교였습니다. 전교생이 수업료를 안 내고 유한학원에서, 유한재단에서 전부다 장학금을 지원하였습니다. 학비를 안내고 다니는 학교였기 때문에 학생 수는 많지 않았지만, 전국에서 가정형편이 어려운 학생들이 모여서 공부했던 게 유한공고입니다. 나는 유한공고 4회 졸업생이고, 그때 사실은 교통도 나쁘고 해서 고생을 많이 했습니다. 지방에서 온 학생들은 자취나 하숙을 하고 나는 집이 일산이라서, 지금은 가깝게 느껴지지만, 참 먼 곳에서 기차 통학을 했습니다.

일산에서 아침 새벽에 일어나서 5시 10분에 집을 출발하고 논과 밭 사잇길을 30분 걸어 나와서, 일산역에서 기차를 타고 서울역에 오고 다시 인천행 기차를 갈아타고 오류동에 내려서, 시간이 맞으면 걸어오고 안 맞으면 버스를 한 번 더 타고. 이렇게 와서 편도에 2시간 30분, 저녁에 갈 때는 기차 시간이 잘 안 맞기 때문에 3~5시간 걸려서 집에 가고 그런 생활을 했습니다. 3년 동안 한 번도 결석을 안 해서, 지각은 좀 했지만, 졸업할 때 3년 개근상을 탔다는 것이 지금 생각해 봐도 내 인생에 참 굉장한 일을 해냈다는 생각이 들었습니다.

오늘 강좌가 '유일한 강좌'지만, 유일한 박사님이 생전에 유한

학교에 오신 것이 내가 졸업을 한 1970년 1월이 마지막이었습니다. 내가 졸업할 때 설립자상을 타서 직접 박사님한테 상도 받았고, 그래서 박사님의 생생한 모습이 지금도 생각이 납니다. 그때 나는 무슨 생각을 했는지, 공부 좀 했던 학생이지만 대학을 간다는 생각은 안했습니다. 그래서 왜 생각을 안했는지 지금에 와서 생각해보면 현장을 좋아해서 그런 것 같습니다. 공고인 까닭에 현장실습을 전국에 다 다녀봤습니다. 울산도 가고 여수도 가고. 예전에 내 선배님이 대구에 계셨기 때문에 거기 쫓아서 갔다가 대학을 못가고 고등학교 졸업식 때 올라와서 취직을 했습니다.

진정한 기술자가 되겠다

신도림역과 구로역 사이에, 지금은 아파트로 꽉 찼지만, 그 당시 '대한중기'라는 굉장히 큰 기계공장이 있었는데, 그 회사에 취직을 했습니다. 총무과장님이 하시는 말씀이 "당신 성적도 좋은데 현장에서 기름 묻히고 일하지 말고 사무실에서 설계를 해볼 생각이 없냐"고 해서 내가 "설계는 취미가 없고 여기 공작기계 기능공으로 일하겠다"고 해서 1년 반 정도 일을 했습니다. 요즘에는 근로자라고 부르지만 예전에는 공원이라고 했어요. 사원들은 깨끗한 옷을 입고 깨끗한 식당을 이용했고, 시커먼 작업복을 입고 시커먼 장갑을 낀 사람들은 그 옆 식당에서 식사를 했어요. 그래서 나는 당연히 장갑을 끼고 일을 했기 때문에 거기에 가서 식사를 했더니 자꾸 과장님이 "자네는 거기서 일하지 말고 사무실에서 일해라" 해서 결국 해보겠다고 했습니다.

거기서 상당히 고생을 많이 해가면서 일을 좀 배웠습니다. 그때 내 친구들도 대학 들어가서 지금 잘 사는 사람이 많지만, 나는 그때까지 생각을 안 했어요. '이 길로 한번 커 보자'는 생각에 그 당시에 꿈을 기계 쪽으로 두고 '내가 나중에 사업을 하든지 어떤 곳에 들어가더라도 진정한 기술자가 되겠다'하고 일을 했는데 젊은 사람이다 보니까 유혹도 있었습니다. 까만 옷을 입고 매일 그 일을 하는데, 그때는 수돗물 사용도 안 됐고 샤워도 거의 못하고 대야에 물을 떠가지고 시커먼 기름을 지웠어요. 손톱 같은 데 때는 잘 안 지워지거든요. 그리고 나가서 어디서 누굴 만나면 창피했던 적도 많았지만 그래도 이 길을 계속 걷겠노라고, 열심히 일을 했습니다.

그러다가 내가 군대를 갔다가 오고 첫 직장이 여기 부천입니다. 부천에 지금 도당동이 있는데 그 당시에는 한국반도체, 나중에 삼성반도체가 됐다가 지금은 미국 회사로 바뀌었는데 그 회사가 우리나라에서 첫 번째로 반도체 웨이퍼 가공을 한 공장입니다.

그때는 사원도 급수가 있었습니다. 고등학교 졸업자는 5급 사원, 전문대졸은 4급 사원, 4년제 대학을 나오면 3급 사원인데, 나는 5급 사원에 들어가서 상당히 고생을 많이 했습니다. 조그만 회사인데 한미합작을 하다보니까 미국 사람들하고 영어를 해야 했어요. 영어는 해본 적도 없고 해서 혼자서 학원도 안다니고 열심히 어떻게 오디오 테이프 들어가면서 회화 공부 좀 하고 그런 식으로 열심히 일하다가 1975년에 입사하고 1977년도에 내가 3급 사원이 됐습니다. 1년에 한 번씩 진급을 해서 그 당시에 가장 빨리 삼성그룹 전체에서, 한국 나이로 27살이면 4년제 대학 나와서 군대 갔다 오고 취직을 하면 3급 사원이 됐는데, 고등학교 나온 사람으로는 운 좋게 빨리 됐어요. 그래서 회사에서 열심히 일하고 열심히 공부하면 다 된다고 했어요. 그렇게 나는 사회에서 빨리 인정을 받았습니다.

당시 에피소드는 내가 집이 망원동에 있었는데 망원동에서 아침에 통근버스를 놓치면 택시타고 와요. 부천까지 오면 택시 요금이 아마 그 당시의 월급으로 따지면 한 1/10은 되었어요. 시간을 지키려고 서울에서 부천까지 택시 타고 오고, 일이 안 끝나면 회사에서 잠을 잤어요. 회사에는 항상 내의하고 양말하고 겉옷 한 벌 정도는 책상 서랍에 넣어놓고 3일 정도는 자곤 했어요. 그러다 보니까 주위에서 나보다 나이가 조금 많은 분들이 '저 사람은 저렇게 빨리 가나'하고 시기하는 것도 있었습니다. 내 성격에 윗사람한테 아부라든지 그런 건 안 하고 열심히 공부하고 할 일만 한 겁니다. 반도체라는 것이 기계과 나와서는 잘 모르지 않습니까? 그래서 주로 반도체 공정에 대해서 혼자서 원서로 된 것 다 해석해서 읽었습니다. 내가 주로 장비를 했기 때문에 장비에 관한 두꺼운 책들을 읽고 번역해서 여직원들한테 커피, 라면 사 줘가면서 매뉴얼 같은 것도 많이 만들었고 그런 생활을 계속 했습니다.

학력이 극복되기까지

그러다가 유한대학이 생긴다는 소식을 듣고 뒤늦게 1978년도에 제1회 신입생 모집할 때 원서를 내고 유한대학과 인연을 맺었습니다. 요즘도 가짜 학력이다, 이런 이야기가 나오지만 우리나라는 학력을 상당히 중시하는 사회입니다. 어떤 나라든지 그렇지만 우리나라가 좀더 심한 것 같아서 내가 어떻게 좀 해볼까 그런 생각도 있었습니다. 물론 회사에서 대우는 4년제 출신 대우는 받지만 그래도 자격지심이 있었어요. 그래서 대학이야기하면 나는 대학 나오지도 않은 사람이니까 '야 이거 안 되겠다, 전문대라도 가야겠다'라고 생각하고 입학을 했고 원래 계획은 여기 2년 졸업하고 4년제 대학을 편입하려고 했어요.

그런데 2년을 공부하고 물론 야간을 다녔지만, 늦어서 못 가는 경우도 있었고 학교 다니는 사이에 결혼도 했습니다. 그래서 상당히 바빴습니다. 그 사이에 미국 연수도 다녀왔어요. 그래서 학교 생활을 어떻게 보면 제대로 안했는데 졸업을 시켜주셨어요. 애초 계획은 내가 여기 2년을 마치고 나면, 다른 대학에 4년제 3학년에 편입을 해서 나이는 28~29세 다 됐지만, 학사를 꼭 따야겠다는 그런 생각을 하다가 맘이 좀 바뀌었어요.

미국을 가서 보니까 연구하는 분들도 많지만, 일하는 군인 출신들도 상당히 많이 있었어요. 미국 육군·공군·해군, 특히 공군이나 해군에는 전자 장비를 다루는 하사관들이 상당히 많습니다. 그분들이 제대를 하면 국가에서 학교를 보내주고, 학교 안가는 사람들도 취직 알선도 해주고 또 나름대로 대우도 받고 이런 걸 봤습니다. 그럴 바에는 차라리 내가 4년제 대학을 안 가더라도 여기서 조금 더 일을 해야겠다는 생각을 했고, 그렇게 하다가 대학 졸업할 때 미국에서 만난 교포와 사업을 시작하게 됐습니다.

지금 생각을 해도 내가 유한대학에서 성적도 좋았고 그 다음에 4년제를 가려고 했다면 갔을지도 모릅니다. 그것이 많은 사람들의 생각이겠지만, 나는 '2년제 나왔어도, 사회에서 인정을 받고 살아가면 괜찮은 거다' 그렇게 생각하고 있습니다. 물론 내 친구들도 보면 좋은 대학 나오고 박사들도 많고 하지만 그분들하고 나하고 볼 때 유한대학 나온 게 학력으로 따질 때는 조금 어깨가 움츠러들고 그런 것도 있지만, 그래도 나름대로 능력을 인정받고 있을 때가 있어서 기분이 좋아요. 사실은 아까도 말했지만 학력 차이는 상당히 심하거든요. 특히 좋은 대학 나오신 분들 카이스트나 서울대 나오신 분들은 상당히 이득을 많이 봅니다. 어쩔 수 없지만 그게 만사는 아니다, 자기가 어떠한 목표 의식을 가지고 살아가다 보면 학력은 상당히 극복할 수 있다고 믿고 있습니다. 그래서 우리 후배 여러분들도 그런 생각을 하면 좋겠습니다.

삼성반도체 근무할 때 내 밑에 어떤 이가 있었어요. 경상도 어디 대구 쪽에서 고등학교 졸업한 사람인데 지금도 그 친구와 연락을 해요. 나하고 회사 경영할 때도 굉장히 오래했는데, 그 사람은 정말 열심히 공부했어요. 여러분들은 잘 모르겠지만, 옛날에 광화문에 가면 복제판 원서 파는 데가 있었어요. 광화문 사거리에 가서 진짜 반도체 책은 다 사다보고 그러고 살았는데, 결국 그 사람은 반도체 장비를 만드는 큰 회사, 여러분들은 알지 모르겠지만 매출이 50조 원이나 되는 미국 회사의 아시아태평양 담당 부사장까지 했습니다. 그 밑에는 박사들도 많이 있었고요. 그러니까 그분도 보면 많이 노력을 한 거예요. 늦게까지 일하고 생각도 많이 하고, 자기가 하는 일에 대해서 남과 타협도 많이 하고, 토론도 많이 하는 시간을 가졌습니다. 대개 기술자들은 자기 일만 딱 하는데, 특히 연구하는 사람들이 그렇지 않습니까. 그런데 그 사람은 남하고 대화를 많이 해서 자기가 얻을 건 얻고 줄 건 주는 그런 식으로 좋은 효과를 많이 보았습니다.

사명감이 있는 도전

그러다가 내가 1980년도 초에 졸업을 하고 미국에 사는 교포와 일을 같이 했습니다. 서울에서는 내가 대표고, 그분은 미국에 사시면서 일을 했습니다. 그분은 한국에서 대학 졸업하시고 미국 가서 박사 받으시고, 미국에서 모토로라 수석 부장하시다가 창업하셨어요. 내가 미국에 연수 갔을 때 우연히 만나 같이 2년 동안 일을 했어요. 상당히 좋으시고 훌륭하신 분인데, 그분하고 일을 하는 동안 경제적으로 너무 힘들었어요. 그분하고 일하는데 마음이 안 맞아서 내가 홀로서기한 것이 1982년입니다. 그래서 그분한테 상당히 미안했지만, 계속 갈 수가 없었어요. 사업을 하는데 중요한 것이 신용입니다. 우리가 일을 하면서 우리 고객한테 약속한 걸 지킬 수 없었어요. 그러면 안 되죠. 그러니까 물건을 팔아서 돈이 1원이 남더라도 약속한 것을 지키다 보면 그 다음에 자기에게 기회가 다시 옵니다. 고객하고 얘기할 때는 점잖으신 분이에요. 그러나 돈이 너무 들어가는 것 같으면 자기는 돈이 없다고, 나보고 해결하라고 했지요. 그러한 신용 문제가 있어서 그분과 결별을 했어요. 그 뒤 나는 지금까지 열심히 신용을 지키면서 사업을 했습니다.

그동안 나는 돈도 많이 벌어 보았고, 또 사업하면서 많이 날려도 보았습니다. 몇 십 년 동안 여러 가지 경험을 하다 보니 어떤 사명감 때문에 일을 하고 있다는 생각이 들었어요. IMF 외환위기 시절인 1998년, 1999년도에 회사를 팔아서 현금이 굉장히 많았어요. 주위에서 땅 사라고 권유한 대로 부동산에 투자했다면 큰 부자가 되었을 것입니다. 하지만 그때 '땅으로 돈 버는 사람은 땅으로 돈 벌고, 제조라든지 개발하는 사람은 제조해서 돈을 벌어야 된다'는 각오를 했고, 지금까지도 그렇게 살아가고 있습니다.

1982년에 미국 실리콘밸리에 있는 HP 바로 옆의 스텐퍼드대학 안에 있던 베리안(Varian)이라는, 그 당시 7억 달러 매출인 회사하고 합작회사를 설립하려고 계약을 체결하고나서 정부 허가를 받는데 상당한 시간이 걸렸습니다. 그 당시에 재경부, 공정거래위원회, 산업자원부에서 상당히 논란이 많았는데 나중에는 고위 공무원들이 도와주더라고요. 젊은 사람이 첨단 사업을 한다니까 허가도 내주시고.

그때 삼성이 HP하고 계측기 합작을 했습니다. 그 당시에 계측기, 여러분들 아실 거예요. HP에서 만든 계측기 오실로스코프 빼고 전부 다 했던 삼성이 45퍼센트, HP가 55퍼센트로 합작을 해서 합작 비율을 50대 50으로 시작했던 나도 그렇게 합작을 하게 됐어요. 내가 소액주주가 되고 대주주는 미국이 되었지요. 그래서 1983년에 내 꿈은 어떻게 해서라도 반도체 장비를 국산화하는 것이었지요.

그때 우리나라가 어느 정도로 산업이 부실했냐 하면 부품이 없었어요. 반도체 같은 것도 없었고 하다못해 볼트너트도 없고 스테인리스 스틸로 된 상비도 없었이요. 그 다음에 나머지 파워

서플라이라든지, 전자설비라든지, 거기에 들어가는 펌프라든지 국내에는 하나도 없었기 때문에 일일이 개발하기 어려워서 상당 부분을 내가 수입 했습니다. 그 당시 가격으로 100만 달러에서 200만 달러, 요즘으로 따지자면 한 20억 되죠.

장비를 미국 것을 가져다가 쓴 것도 있고 우리가 개발한 것도 있었어요. 우리가 인원이 280명이었는데, 유한대학 출신들이 한 열 명 있었습니다. 그 당시에 장비를 개발하면서 이렇게 하다가는 우리가 미국보다 더 좋은 기술을 개발하겠다, 더 좋은 것을 만들어야겠다고 많이 느꼈는데 이런 원천기술은 우리에게 없었어요. 그래서 연구소를 만들고 소프트웨어부터 시작해서 준비를 해나갔습니다.

나중에 삼성하고, 요즘은 하이닉스가 됐지만 그 당시에는 현대전자, LG반도체였어요. 10년 전에 LG반도체하고 현대전자하고 합쳐서 여러분들 잘 아는 하이닉스가 됐습니다. 거기에 납품을 해서 우리가 미국 회사에서 만든 총 생산의 70퍼센트를 한국에 가져다가 팔았습니다. 일본보다 우리가 많이 팔았고, 그 일을 계기로 국산화하려고 노력했습니다. 국산화는 내가 아까 말했지만, 부품은 하나도 없었지만 일부를 하나하나 개발해 나갔고, 나중에는 정품하고 비슷한 유사품까지 만들었어요.

그러다가 욕심이 나더라구요. 그래서 미국 본사 사장과 담판을 했지요. 나는 한국에서 차세대 장비를 개발하자고 했는데, 미국 사장은 '한국에는 기술이 없으니까'하며 일본이랑 합작을 했습니다. 합작했던 일본의 회사는 굉장히 큰 회사입니다. 그래서 내가 그 회사와 굉장히 다퉜지만 결국은 장비 개발 건을 일본에 빼앗

졌습니다.

나는 "당신네들이 새로운 장비를 개발하는데 그 당시에 3천만 달러를 벌어들였는데, 나는 그것을 100억으로 하겠다. 내가 개발을 할테니까 한국하고 하자"고 했어요. 그래서 내가 삼성 같은 대기업의 사장급, 부사장급들한테 협조 요청을 했습니다. 삼성하고 현대하고 우리와 같이 장비 개발을 해서, 여기서 생산을 하면 당신들도 기술을 선점할 수 있는 효과가 있고 장비의 가격도 싸니까 한번 해보자고 했는데, 결과적으로 미국하고 내가 뜻이 안 맞아서 1997년에 결별을 했습니다. 결별하고 나서 달러로 몇 백만 달러를 받았는데 IMF 위기 때인데도 상당히 기분은 좋더라구요. 주머니에 몇 백억 들어오게 되니까.

대개 어느 회사와 같이 일을 하다가 그만 두면 그 똑같은 제품은 경쟁하지 않기로 5년 동안 기한을 정해요. 그래서 5년 동안 그쪽을 못 건드리기 때문에 다른 종류의 장비를 개발했습니다. 다른 사람들은 당신 미쳤냐고 또 제조를 하려고 하냐고 했지만 몇 년 동안 고생을 해서 코스닥에 가입을 했지요.

세계반도체장비재료협회(SEMI;Semiconductor Equipments and Materials International)라는 게 있습니다. 그 협회의 회원 수가 전 세계에 3,000명 이상이 됩니다. 한국, 미국, 일본, 유럽 등에서 많은 회원들이 활동하고 있습니다. 거기에 내가 1991년에 아시아에서 두 번째 이사로 선임이 됐습니다. 그래서 계속 그 일을 하다가 나중에 내가 회장을 했어요.

이런 활동을 하다 보니, 한국에 공장을 가지고 있지 않은 일본이나 미국의 장비재료 회사들이 한국에 들어와서 영업을 하고 지사를 내려고 나한테 자문을 상당히 많이 받았습니다. "미스터 서, 우리가 이런 일을 하는데 이런 사람을 뽑으려고 한다. 그런데 당신 생각은 어떠하냐?"고 물어오면 나는 그 회사를 봐서 하는 것이 아니라 한국을 위해서 그 사람은 실력이 조금 떨어진다든지, 그 회사는 도덕적으로 문제가 있다든지 이러한 이야기를 했지요. 그런데 그것이 우리나라의 가장 큰 회사인 삼성에 미운털이 박혀서 대기업으로부터 납품 거부를 당했어요. 그때 상당히 고생을 많이 했습니다. 사실 그 여파가 지금까지도 조금 있어요. 대기업의 회장이면 그 회사 사원들은 거의 황제 정도로 모시니까 할 말이 없는거죠. 그 사람들의 잣대는 우리가 흔히 얘기하는 스탠다드 잣대가 아니에요. 마음에 안 들면 협력 회사는 마음대로 없애 버려요. 법하고 상관없거든요. 어느 나라나 마찬가지지만, 특히 한국이 심합니다.

우리 산업을 위해서 굉장히 노력을 많이 하는 회사들이 일순간에 잘려나가는 게 상당히 가슴이 아픕니다. 사실은 나도 거의 속병이 날 정도로 답답했었고 마음고생이 심했어요. 우리 집에선 특정회사 제품을 안 쓰는 안티족이었으나 이젠 잊어버리기로 했습니다. 내가 아들 하나, 딸 하나가 있습니다. 그래서 여러분들처럼 다 대학 다니고 있는데, 딸이 이번에 졸업을 했습니다. 8월에 삼성을 가느냐 하이닉스를 가느냐 했거든요? 반도체 재료를 공부해서 그쪽으로 간다고 하더니 우리 딸이, 아빠가 싫어하기 때문에 안 다닌다고. 그래서 안 갔어요. 그래서 휴대폰을 사도 어느 회사 것은 안 살 정도로 우리 가정에서는 철저하게 특정 기업을 증오했어요.

중소기업하고 상생경영을 한다지만 그런 일은 사실 그렇게 잘 안 됩니다. 대통령께서 청와대에 대기업, 중기업, 아주 작은 중소기업 대표들을 모아놓고 "상생경쟁을 하자"고 했지만, 사실 밑으로 내려가면 상당히 어렵습니다. 그것이 소기업을 경영하는 사람들의 비애입니다. 그래서 나중에 여러분들도 사업을 하면 큰 마음을 먹고 각오를 해야 해요. 항상 나는 그걸 타파하자고 해요. 내가 잘못한 것이 없으니까 언젠간 내가 당신네들을 이기겠다고 지금도 열심히 노력을 하고 있습니다.

미국의 실리콘 밸리에서 제일 큰 《산 호세 머큐리(San Jose M-ercury)》라는 신문이 있습니다. 내가 아까 얘기한 SEMI 회장이 되니까 거기서 나하고 인터뷰를 했어요. 기사에도 났지만 어느 학교를 나왔냐고 물어서 유한이라고 했더니,

"학사냐? 마스터를 했느냐? PhD를 했느냐?"

"나는 학사도 못했다."

"그런데 네가 SEMI 회장이란 말이냐?"

그 기자가 깜짝 놀랐어요. SEMI 회장을 한 것은 개인적으론 상당히 영광이었습니다. 그때 미국 신문에 기사가 크게 났습니다. 한국에는 《디지털타임스》하고 《전자신문》에 났고 네이버에는 한 줄짜리도 나오고요. 동양에서 최초로 한국인이 SEMI 회장에 선임되었다고 났습니다. 학사학위도 없는 사람이 어떻게 SEMI 회장을 하느냐고 물어보는데 할 말이 없었어요. 어떻게 하다보니까 그렇게 되었다, 열심히 해서 이렇게 된 것 같다고 답변을 했습니다. 그래도 내가 우리 산업사회를 위해서, 한국의 반도체 산업을 위해서는 미력하지만 보태지 않았나? 이런 생각을 하고 그

자부심으로 지금껏 살고 있습니다.

그 다음에 내가 무슨 일을 하였느냐 하면 2000년도에 'ACE캐피탈'이란 회사를 만들었습니다. 여러분들 많이 들어봤겠지만, 벤처 기업에 투자를 해 준거죠. 그때는 벤처 버블이 있었기 때문에 회사 가치를 더 주고 투자를 했고 그 사이에 없어진 회사도 많고 코스닥에 간 회사도 한 몇 회사됩니다. 나중에 여러분들이 창업을 할 때 명심해야 되는 일이 있습니다. 예전에는 창업을 하면 정말 힘들었어요. 사돈의 팔촌까지 보증하고 한 사람이 사업하다가 망하면 집안이 아주 형편없게 되고, 결혼해 가지고 처갓집도 못 살게 하고 이러는 경우가 많았습니다. 요즘은 보증보험이라든지 기술신용보증 등 이런 제도가 있지만 옛날에는 그런 게 없었어요. 옛날에 사업을 했던 사람들은 정말 힘든 경우가 많았는데 요즘은 훨씬 나아진거죠.

거기다 최근에는 활성화가 돼 있고, 우리나라 벤처 캐피탈제도는 미국에 견주어 법으로 꽤 강화되어 있습니다. 그래서 벤처기업을 사회에서 보호하게 되어 있어요. 우리나라 법이 미국이나 일본에 견주어 제대로 배운 기술, 아이디어로 창업을 한다면 투자를 많이 받을 수 있게 되어있습니다. 나중에 코스닥에 가서도 상당히 좋은 결과를 얻을 수 있습니다.

벤처 세계에서 문제가 되는 것은 CEO의 마음가짐입니다. 젊었건 나이가 들었건, 많이 배웠건 못 배웠건, CEO가 항상 무한한 도전을 하지 않는 그런 기업은 오래 가지 못하는 경우가 많습니다. 거의 그렇습니다. 대개 우리나라의 벤처 기업들이 처음에는 참 열심히 합니다. 코스닥을 갑니다. 지금 코스닥 간 벤처기업이

다해서 천 개입니다. 일단 코스닥에 가면 자금이 약 백 억이 들어옵니다. 배고프다가 조금 돈이 들어오니까 '아, 이제 됐구나' 하는데, 그게 아니거든요. 그게 시작입니다. 그때 조금 마음가짐이 흐트러지기 시작하면 금방 몰락의 길로 갑니다. 사람이 살아가면서 항상 도전을 끝까지 하지 않으면 마찬가지입니다.

그래서 나는 반도체 장비를 했으니까, 직접 반도체를 만드는 도전을 하려고 간 회사가 있는데, 바로 테라셈입니다. 매출이 올해 거꾸로 갔어요. 3년째 적자로 가고 있는데 꽤 힘들지만 살리고 있습니다.

남들과 다른 노력

우리나라는 한 마디로 냄비라고 생각해요. 무슨 일이 좀 된다고 하면 우르르 모여요. 정보통신 쪽에 무슨 사업이 잘된다 하면 회사들이 우르르 생기고 서로 경쟁을 하지요. 1등이 아니면 살아남기가 어렵습니다. 특히 길거리를 가다 보면 아주 유명한 음식점은 몇 군데 더 있어도 괜찮은데, 별로 유명하지 않고 규모가 작은데 쭉 있으면 한 6개월 뒤에 다 문 닫거든요. 그런 식으로 우리는 너무 확 끓어오르다가 식는 그런 냄비 같은 사고가 많아요. 우리도 조금 비슷한데 회사에서 주로 생산하는 제품은 여러분들 휴대폰에 장착되는 카메라입니다. 조립하고 테스트하고 그러는 건데 적을 때는 직원을 200명, 많을 때는 400명, 지금은 200명을 씁니다. 수요가 많다 보니까 저거 돈 되나 보다, 매출이 몇 백 억 된다니까 너도나도 들어와서 마진이 매우 약해요. 오래

남아있는 회사는 괜찮은데 그때까지 있으려면 돈이 많이 들어갑니다. 그래서 나중에 여러분들이 창업을 하더라도 많이 안하는 걸로 해야 합니다.

사실 남이 안 하는 것을 찾아내는 것도 어렵고 리스크가 매우 큽니다. 남이 많이 하는 것은 찾기는 쉬운데 일하기는 어렵거든요. 선택을 잘 해야 할 겁니다. 사람들이 많이 안 하고 돈이 되는 걸 찾는다는 것은 정말 어려워요. 모래사장에서 바늘 찾는 거랑 비슷합니다. 그래서 창업하려면 각오를 단단히 해야 합니다. 여러분들이 창업을 안 하고 회사에 가서 무슨 일을 해도 역시 그런 정신으로 살아야 합니다. 그래서 인사를 보거나, 자재 업무를 하든, 영업사원을 하든, 개발을 하든, 기획을 하든지 어디서든지 남이 안하는 것을 해야 합니다.

아침 9시에 와서 6시에 가는 건 똑같잖아요. 더 열심히 근무하고 항상 연구하는 자세로 그 업계의 분위기, 그 회사의 분위기를 잘 파악하고 좀 차별화한 쪽으로 신경을 많이 써야 여러분들에게 밝은 미래가 있지 않나 생각을 합니다. 말은 아주 쉬운데 실천은 굉장히 어렵지요.

여러분들이 대한민국에 태어났고 여기서 여러분들의 인생의 나래를 펴게 되는데, 우리나라에 보면 어느 분야를 막론하고 우리가 세계 최고, 최초로 하는 게 거의 없거든요. 그렇지만 우리나라 사람들이 도전하는 기질이 있어서 남들이 한 것보다 개선을 빨리 합니다.

일본은 굉장히 심사숙고해서 일을 추진하는데 견주어 우리는 '빨리빨리' 문화가 있지요. 조선도 그렇고, 자동차도 그렇고, 반도체도 그렇고, 철강도 그렇습니다.

LCD 같은 것은 일본이 훨씬 먼저 시작했습니다. 한국이 끼어들어와서 죽자 살자 하거든요. 그런데 일본 사람들은 '이것은 안 되는데' 하고 투자를 주저하는데, 한국은 무모하다 할 정도로 투자를 합니다. 그러다 보면 일이 될 수도 있어요. 몇 년 전에 미국의 교수 한 명이 일본에 와서 연구를 했어요. 겸임교수로 와서 그분이 일 년에 두 번을 나한테 찾아오셨어요. 일본 사람들은 '이렇게 하면 안 된다'고 생각은 하는데, 아무도 그것을 말하는 사람이 없다고 하셨습니다. 서로 토론은 많이 하는데 결정하기는 힘든 것이 일본 사회인 것 같다고 나한테 말씀을 하셨어요.

반도체산업을 보면 일본의 기술이 우리나라 기술보다 월등히 앞서 있지만 제품 생산은 우리가 많지요. 일본은 기초기술이 있고, 생산기술도 있고 그 다음에 재료, 장비를 다 가지고 있거든요. 어떻게 보면 무모하지만 한국엔 그런 것이 없는데 지금까지 잘 맞아 간 거예요.

이러한 도전의식이 있어서 한국의 회사들이, 한국의 경제가 이만큼 살아났다고 생각합니다. 우리가 없는 자원에, 약한 자금력에, 약한 기술에 이만큼 사는 것도 그러한 도전의식 때문이 아닌가 합니다. 그것을 계속 우리 젊은이들이 이어 받아가야지 그 방향을 틀면 기초기술이 없고 자본력이 약한 상태에서 우리의 장래는 어둡습니다.

앞으로 태어날 CEO에게

이제 또 하나 말씀드리고 싶은 것은 자본주의 국가에서 금전 만능주의가 나쁘다고 생각은 안 하지만 그게 오래가지 못합니다. 그러니까 정상적으로 자기가 세금을 안내고 탈법으로 회사를 경영하면 그 개인이나 회사는 망하는 경우가 많습니다. 그래서 기업 경영을 할 때 세금은 세금대로 내고 기본 윤리의식을 지키며 도덕적으로 해야 합니다. 어떤 사람이 반짝, 어느 회사가 반짝하다가 기초가 약했거나, 남을 타고 넘어갔거나, 세금을 덜 냈거나, 약간 반사기적인 그런 것이 있었다든지의 이유로 결과적으로 망하는 것을 지금까지 사업하면서 많이 보았습니다.

그리고 주위의 중소기업들, 우리나라 재벌이나 북한은 정치를 대물림을 하는데 나는 상당히 싫습니다. 자기 자식이 정말 실력을 가지고 있고 내가 기계공정을 하는데 우리 자식이 기능공이라든지, 설계를 잘하는 기술자라든지, 영어의 귀재라든지 하면 대물림을 해도 되는데, 그렇지 않고 '내 자식이니까', '내가 이 회사를 어떻게 일궈 왔는데 남을 줘' 이러한 의식은 한국 사회에서 참 싫고 나는 그렇게 안 할 겁니다. 나는 유일한 박사님한테 직접 정신교육을 받은 것은 아니지만, 유한고등학교를 나왔고 '그런 것이 올바른 삶이 아닌가' 기본적으로 그렇게 생각을 하고 있습니다. 내 자식이 정말 아주 훌륭한 발명가가 되어서 무엇을 한다, 그런 것은 도와 줄 수가 있죠. 그렇지만 우리 회사에 와서 무조건 아버지 아들이니까 와서 물려받는다, 그건 문제가 있다고 생각합니다.

내가 중국 처음에 간 게 1995년쯤 입니다. 상해에서 돌아올 때마다 비행기에서 스스로 이야기해 봤습니다. 나는 거의 다 살았지만 우리 자식들이, 여러분들이, 중국과 경쟁해서 살아남을 수 있을까 굉장히 걱정이 돼요. 그 많은 인원에, 외국에 수많은 돈들이 쏟아져 들어가고 있고, 거기도 별에 별 것 다합니다. 여러분들이 어떤 직장생활을 하든 간에 이것을 염두하고 '야 내가 A회사에 가서 내가 개발하는 인원이다' 할 때 '야, 우리 회사가, 내가 중국에 가면 어떻게 될까? 미국과는 어떻게 견제를 하고, 일본은 어떻게 견제를 할까?' 하는 생각을 많이 하고 우물 안에 개구리가 되면 안 되겠다는 생각도 해야 합니다.

그리고 가장 중요한 게 항상 인간관계입니다. 나는 회사 직원들과 많이 이야기를 합니다. 여러분들 학교에 있을 때 학우들과는 그렇지만 나중에 직장 생활을 할 때 아침부터 밤까지 일을 하고, 눈 떠 있을 때는 상당수의 시간을 회사의 사원들하고 지내기 때문에 사원들과 관계를 잘해나가야 합니다.

여러분들 가운데서도 CEO가 태어날 텐데, 나는 CEO의 역할을 이렇게 생각합니다. 가족, 회사직원, 그리고 고객, 넓게 나가서 사회에 대한 무한한 책임을 지는 것이라고. CEO는 회사직원 누가 잘못했어도, 잘했어도 항상 무한한 책임을 져야 합니다. 상당히 어렵습니다. 나는 사장 소리 들은 것이 30년이 되어갑니다. 설이나 추석이면 우리 직원들이 걱정 없이 가족들, 친구들과 잘 지내는 것을 떠올립니다. 그러면 가끔 '내가 회사에 책임을 많이 지고 있구나' 하는 생각에 쓸쓸할 때가 있습니다. 그래도 CEO는 사회에 대한 무한한 책임감을 가져야 한다고 생각합니다.

그리고 CEO는 만능 탤런트가 되어야 합니다. 특히 소규모 기업일 때에는 영업도 잘해야죠, 재정도 잘 봐야죠. 모든 면에 만능 탤런트가 되어야 만능 CEO가 됩니다.

오늘 여러 가지 두서없이 이야기 했는데 여러분들한테 도움이 됐는지 모르겠습니다. 아무쪼록 학창 생활 잘 하시고요, 앞으로 좋은 일 많이 있기를 바라고 여러분들의 꿈이 모두 현실로 되기를 기원합니다.

감사합니다.

U시티로 바라본 미래 생활과 유비쿼터스 경제학

손대일

(주)유비테크놀로지스 CEO

인터넷이 기술(Technology) 아니라 새로운 라이프스타일(Life Style)인 것처럼 유비쿼터스(Ubiquitous)도 기술이 아니라 우리가 꿈꾸고 상상하며 궁금해오던 일들을 구체화할 수 있는 미래의 라이프스타일이다. 즉, Ubiquitous Technology는 기술을 통해 우리 일상의 모든 불편한 부분을 일소해 주는 기술이다.

첨단 미래기술이 다가오고 있다. 시공을 초월해 무한창조의 세계로 인도할 디지털 시대의 기술들이 몰려오고 있다. 사실 인류의 역사를 살펴보면, 엔진의 등장으로 인류문명이 농업경제에서 산업 경제체제로 전환했다는 것을 알 수 있다. 이러한 산업혁명은 1980년대 개인 PC의 발명과 인터넷의 등장으로 시작된 정보산업혁명으로 이어졌다. 그리고 지금의 시점에서 미래학자들은 21세기는 유비쿼터스(Ubiquitous)라는 혁명이 올 것으로 예측하고 있다. 사실 과거 1950년대 수많은 과학자들이 10~20년 뒤면 마루를 닦고 잔디를 깎는 등의 잡일을 로봇이 대신할 것으로 믿었던 꿈을 좇았지만 좌절하고, 수많은 신생 기업들이 생겼다가 금세 사라졌다. 그렇지만 미래학자들은 머지 않은 장래에 꿈의 로봇이 출현할 것이라고 입을 모은다. 이들은 10년 뒤면 곤충 또는 도마뱀 정도의 인식능력을 갖추고 잡일을 대신할 1세대 로봇이 등장할 것이며, 20년 뒤에는 동물 정도의 지능을 갖춘 물체의 등장으로 사람과 컴퓨터, 그리고 사물이 하나가 되는 유비쿼터스 세상이 온다고 예측한다.

유비쿼터스 개념

유비쿼터스(Ubiquitous)란 용어는 라틴어에서 유래한 것인데, '언제 어디서나', '동시에 존재한다'는 뜻이다. 즉, 물이나 공기처럼 도처에 편재(遍在)한 자연 상태를 뜻한다. 이 용어가 정보화 사회의 차세대 키워드가 되면서 현재 유비쿼터스 컴퓨팅, 유비쿼터스 네트워크라는 용어가 사용되기 시작하였다. 유비쿼터스 컴퓨팅, 유비쿼터스 네트워크란 물이나 공기처럼 우리 주변 환경에 내재돼 모든 사물이나 사람이 보이지 않는 네트워크로 연결된 새로운 공간이다. 사용자가 컴퓨터나 네트워크를 인지하지 않은 상태에서 장소에 구애받지 않고 자유롭게 네트워크에 접속하며, 컵, 화분, 자동차, 벽, 교실이나 사람들이 지니고 다니는 옷, 안경, 신발, 시계 등 모든 사물에 다양한 기능을 갖는 컴퓨터 장치를 심고 이들을 근거리 무선통신과 인터넷 인프라에 따라 네트워크로 연결하는 것이다.

유비쿼터스 개념은 지난 1988년 제록스 팰러앨토연구소(PARC)의 마크 와이저(Mark Weiser)가 처음 제시했으며, 유비쿼터스 컴퓨팅이 그 효시다. 유비쿼터스 컴퓨팅의 목표는 모든 인공물에 컴퓨터 기능을 심고, 이들을 유무선 네트워크로 연결할 수 있게 해서 사람 또는 기기들이 언제 어디서나 네트워크에 실시간으로 연결되어 다양한 서비스를 실현하는 것이다.

1998년 유비쿼터스란 용어를 처음으로 사용한 미국 제록스 팰로앨토연구소의 마크 와이저 소장은 유비쿼터스 컴퓨팅이 메인 프레임, PC에 이은 제3의 정보혁명의 물결을 이끌 것이라고 주장하였다.

하지만 오늘날 신(神)이 언제나, 어디서나 우리 옆에 존재하듯이 IT가 인간환경에 언제, 어디서나 존재하여 인간의 삶에 평안함과 윤택함을 가져다주는 것이다. 인간, 사물, 컴퓨터 사이의 아주 자연스러운 인터페이스(커뮤니케이션)인 것이다.

신이 인간에게 과학을 선물해주어서 인간은 너무도 편리한 삶을 살고 있으며, 인터넷이라는 정보혁명을 통해서 우리는 편리하고 넓은 의미의 생활권을 형성할 수 있는 삶을 만들어 가고 있다.

하지만 인터넷보다 더 편리한 삶, IT의 발달로 인간의 물리적 환경을 지능화해 사람의 손으로 할 수 있는 일을 컴퓨터나 로봇이 대신할 수 있는 편리한 삶이 유비쿼터스 세상이라면 인간을 단순한 게으름뱅이로 만들게 한다는 비평을 면하지 못할 것이다.

유비쿼터스 환경은 IT 발달만을 추구하는 것은 아니다. 유비쿼터스는 (LT)2, 즉 Life(생명: BT,NT), Truth(진리), Light(에너지),

Tech(IT)의 컨버징. 즉 인간에게 생명, 진리의 사고, 빛과 에너지에 기술을 결합하여 새로운 문화를 만들어 따뜻한 사랑과 생명이 넘치는 인간 중심의 세상을 만드는 것이다. 유비쿼터스 환경을 통해 인류가 인간의 본연인 사랑과 예술을 생각할 수 있는 따뜻한 세상을 마련하는 것이 바로 진정한 유비쿼터스 의미이다.

레드오션과 블루오션 전략의 차이

레드오션과 블루오션 전략의 차이를 살펴보면, 간단히 말해 레드오션 전략은 기존의 시장에서 어떻게 경쟁자를 앞지를 수 있는가에 대한 시장경쟁 전략이다. 이와 달리 블루오션 전략은 경쟁을 피하기 위해 이미 설정된 시장의 경계를 어떻게 벗어날 수 있는가에 대한 시장창조 전략이다.

레드오션 전략은 산업구조의 조건이 주어져 있어서 회사는 한정된 시장 안에서 경쟁하도록 강요받는다고 가정한다. 따라서 회사는 주어진 시장구조를 받아들이고 산업 안에서 경쟁에 대항하기 위해 방어 가능한 포지션을 개척하도록 강요받게 된다. 시장에서 살아남기 위해, 레드오션 전략에 익숙한 경영자는 경쟁자가 무슨 행동을 하느냐를 주위 깊게 관찰하여 경쟁 우위를 달성하는 것에 집중한다. 그러므로 레드오션에서 시장 점유율 획득은 제로섬 게임이다.

왜냐하면 한 회사의 시장 점유율의 획득은 다른 회사의 시장 점유율의 손실을 뜻하기 때문이다. 따라서 경쟁은 모든 회사의 전략을 비슷하게 만들고 결국 전략은 한정된다. 이러한 전략적

레드오션 전략	블루오션 전략
기존시장 공간 안에서 경쟁	경쟁자 없는 새 시장 공간 창출
경쟁에서 이겨야 한다	경쟁을 무의미하게 만든다
기존 수요시장 공략	새 수요창출 및 장악
가치-비용 가운데 택일	가치-비용 동시 추구
차별화나 저비용 가운데 하나를 택해 회사 전체 활동 체계를 정렬	차별화와 저비용을 동시에 추구하도록 회사 전체 활동체계를 정렬

△ 표 1

사고는 회사로 하여금 매력적인 산업과 그렇지 않은 산업을 나누도록 만들고, 그 산업에 진입할 것인가 말 것인가를 결정하게 만든다. 어떤 산업에 진입한 뒤, 회사는 낮은 비용 구조 또는 차별화 위치를 선택한다.

그러나 블루오션 전략에서는 전략적 시도가 매우 다르다. 시장 구조와 경계는 오직 경영자의 머릿속에서만 존재한다는 것을 깨달은 경영자는 기존 시장의 구조와 경계가 그들의 생각을 제한하도록 만들지 않겠다는 생각을 갖고 있다. 그들은 엄청난 양의 추가 수요가 규정된 산업의 밖에 존재한다고 생각한다. 문제의 핵심은 어떻게 대량의 추가 수요를 창조해 내느냐 하는 것이다. 또 이러한 방법은 공급자 위주의 관점에서 고객 중심으로의 관점으로, 경쟁 중심에서 가치혁신 중심으로 관점의 변화를 요구한다.

가치혁신이란 새로운 수요를 창출하기 위해 혁신적인 가치를 창조하는 것을 말한다. 이는 비용 절감과 차별화를 동시에 추구하여 달성할 수 있다. 블루오션 전략에는 매력적인 산업과 그렇지 않은 산업이 거의 구별되지 않는다. 왜냐하면 산업의 매력은 개별 기업의 성실한 노력을 통해 변화할 수 있기 때문이다. 시장

구조가 가치와 비용의 양자선택 구조를 깨뜨려서 변화할 수 있듯이 게임의 법칙 또한 그렇다.

블루오션의 바다, 유비쿼터스

블루오션이란 기존 경쟁 시장인 레드오션에서 가치 혁신을 거친 새로운 창조적 시장 창출이다.

기존 시장에서는 기술의 발전으로 산업의 생산성이 크게 향상되어 전례 없이 다양한 제품과 서비스를 생산할 수 있게 되면서 공급이 수요를 초과하여 가격 전쟁이 심화되고, 가격 마진이 축소되어 점차 전인미답(前人未踏)의 새로운 시장을 개척하기 위한 블루오션 전략이 요구되고 있다.

우리 IT산업도 세계 시장을 석권하고 있는 반도체, 휴대전화, 디스플레이 등 레드오션 시장에서의 성과에만 만족해서는 밝은 미래는 없다.

최근 정부통신부가 IT839 전략을 통해 새로운 정보통신 서비스나 신성장 동력을 육성하고 인프라를 구축하여 세계 시장을 선점하려는 것이나, 가치혁신을 통해 세계적 기업을 꿈꾸는 IT 중소 벤처 기업들을 집중 육성하려는 것도, 바로 이 블루오션 전략과 맥이 닿아 있다고 할 수 있다.

정체돼 가는 대규모 정보시스템의 구축 수요, 기업들의 IT 비용 절감을 위한 노력, IT서비스 기업 사이의 과당경쟁, 노동집약적 저수익 사업구조 등 기존 IT서비스 시장은 틀림없는 레드오션이다.

그렇다면 IT서비스 기업들에도 블루오션은 존재하는가? 그에 대한 답을 유비쿼터스와 트랜스포메이션 아웃소싱이라는 두 가지 방향에서 제시하고자 한다.

첫째, 유비쿼터스 환경은 다양한 정보기기 사이의 연결과 커뮤니케이션을 가능하게 하고, 언제 어디서나 정보의 교류가 이루어지게 하여, 교류되는 정보의 양과 네트워크에 연결하는 정보기기 사용자의 수를 늘어나게 할 것이다. 궁극적으로는 현재의 정보기술이 가지는 규모와 범위를 훨씬 더 확장할 것이다. 이는 기업과 소비자에게 지금까지 상상할 수 없는 많은 일을 가능하게 하고, 더 높은 생산성 향상과 삶의 질로 이어질 것이다.

하지만 이를 위해서는 기술적 환경 구현을 위해 광대역 통신과 정보기기의 발전, 정보기술의 고도화가 전제돼야 하며, 인터페이스·디바이스·반도체·네트워크 등 IT 여러 가지 분야에서 기존의 컴퓨팅 기술과 현저히 다른 기술이 실생활과 업무에 적용돼야 한다. 또한 기술의 발전 자체보다는 영역이 다른 기술과 산업간 융·복합화와 컨버전스가 절대적으로 요구된다.

바로 이 부분이 IT서비스 기업에게 무한한 기회라고 생각한다. 이 기회는 IT서비스 기업들에게 기존 기업 대상 IT서비스 시장 외의 추가 잠재시장의 확대를 가능하게 하고, 새로운 수익 창출로 이어질 수 있다. 유비쿼터스 환경에 대한 빠른 적응과 다양한 신기술을 빨리 개발할 수 있는 역량을 확보한 업체야말로, 유비쿼터스가 가져다주는 블루오션에 다가갈 수 있고, 그렇지 않은 기업은 레드오션에서 헤어나지 못할 것이다.

트랜스포메이션 아웃소싱은 고객정보시스템의 구축과 업그레이드, 운영, 그리고 비즈니스 적용을 통한 사업가치 창출까지를 포함하는 일련의 활동을 뜻한다. 이러한 모든 과정에서 기업의 변화 관리를 지원하는 서비스다. 곧 기존 전산실 업무만을 대행하는 IT아웃소싱이 회사 가치사슬의 전 영역으로 확장된 개념으로, 단순한 비용 절감 수준의 아웃소싱에서 한 단계 나아가 기업의 변혁을 주도하고, 비즈니스를 근본적으로 개선하고자 하는 기업전략이라고 할 수 있다.

트랜스포메이션 아웃소싱의 궁극적인 목표는 기업가치의 극대화다. IT서비스 기업은 이를 통해 저부가가치의 단순 SI와 아웃소싱 사업에서 벗어나, 다양한 고객 비즈니스 프로세스의 변환과 통합을 책임지는 등 고객 선도에 바탕을 둔 고부가가치 서비스를 제공할 수 있게 된다. 이 시장은 아직 형성기이나, 앞으로 성장가능성은 무한할 것으로 예상된다. 무엇보다 지금까지와는 차별화한 고객가치를 전달한다는 점에서 블루오션이 될 것이다.

블루오션은 아직 게임의 룰이 정해지지 않은 신천지이자, 경쟁자가 없는 새로운 시장 공간이다. 유비쿼터스 환경과 트랜스포메이션 아웃소싱이라는 두 가지 블루오션이 IT서비스 시장의 성장과 고객가치 창출로 이어질 것이다.

유비쿼터스 블루오션 전략

유비쿼터스 시대에는 소비자 트렌드 변화를 정확히 아는 것이 블루오션 비즈니스를 창출하는 길일 것이다.

'고객을 최대한 참여하게 하고, 언제 어디서 누구나 이용할 수 있어야 하며, 비공식적 소수 정예 문화에 걸맞으면서 보람과 명분도 쌓을 수 있는 상품을 만들어라. 그러면 대박이 눈앞에 다가올 것이다.'

2005~2008년 히트상품 6대 키워드는 능동적 체험상품, 반(牛)제품적 상품, 초 기능적 상품, 교제 연결 지원 상품, 명분제공 상품, 유니버설(Universial) 상품이 될 것이라는 분석이 나왔다.

삼성경제연구소는 13일 〈2002~2004년 히트상품 분석을 통한 중기 소비시장전망〉이라는 보고서에서 2005~2008년에는 쌍방향 교감, 유비쿼터스, 창조적 웰빙 등의 요소를 추가하면서 이 같은 히트상품 트렌드가 형성될 것이라고 예상했다.

또, 2000~2004년은 급격한 경기등락과 디지털화의 급진전, 대중의 사회참여 확대, 대형 사건 사고 등으로 환경 변화가 극심했던 시기로 규정하면서 오감 소비(소비생활의 감성화 증대), 실시간(리얼타임) 소비(스피드 소비의 일상화), 개중(個衆) 소비(개성 추구와 대중성의 결합), 스마트 소비(지출 최소화와 효용성 극대화), 릴랙스 소비(느림, 본질로의 회귀) 등의 5대 소비 트렌드가 나타났다고 분석했다.

이와 함께 한국의 소비 패턴은 1990년대까지 미국과 일본을 뒤따르던 것과는 달리 최근에는 급속히 동조화했다고 덧붙였다.

삼성경제연구소는 2005~2008년에는 이 같은 5대 소비 트렌드에 4퍼센트대의 저상장 기조 유지를 비롯해 소득 양극화 심화, 1인 가구와 독거노인 가구 증가, 가족 개념의 다양화, 내수 진작과 소비자 주권 신장을 위한 정책, IT기술의 전파 확산 등 경제·사회·인구통계·문화 등의 요인이 반영되면서 진화할 것이라고 내

다봤다.

특히, 2008년을 정점으로 국내 소비시장 판도가 급변할 것이라고 전망했다. 요인으로는 대선, 국민소득 2만 달러 달성, 디지털TV 상용화, 고령인구 10퍼센트, 중국 올림픽 등을 들었다.

이에 따라 기업들은 이 같은 변화에 대비해 '중장기 히트상품 창출 TFT'를 결성하고, 구체적인 시나리오와 대응 방안을 구상해야 할 것으로 지적됐다. 또 경영체계와 조직 문화의 감성화, 현장 중심 리서치 강화, 소비자 참여 확대, 히트 뒤의 철저한 관리 등이 필요하다고 삼성경제연구소는 밝혔다.

유비쿼터스 마케팅 전략

다소 생소한 유비쿼터스란 단어가 친근하게 느껴질 정도로 유비쿼터스 환경, 기술, 서비스에 대한 관심이 높아지고 있다.

유비쿼터스 마케팅이란 유비쿼터스 환경, 기술을 활용하여 고객에게 더 가치 있는 서비스를 제공할 수 있는 마케팅 기법이다.

퓨전 스타일의 소비자 등장

기업들이 앞서 언급한 잘못을 저지르지 않기 위해서는 '퓨전(fusion)'이라는 단어에 귀를 기울일 필요가 있다. 원래 음악 갈래(장르) 등 특정 분야에서만 사용되던 퓨전이라는 단어가 대중화하면서 퓨전 레스토랑, 퓨전 여행, 퓨전 드라마 등 많은 분야에서 사용되고 있다. 퓨전이라는 단어가 하나의 사회적 코드로 자리잡아 가고 있는 느낌이다. 퓨전의 단순한 언어적 의미는 '서로 이질적인 것들의 융합’ 정도로 해석할 수 있다. 쉽게 표현하면 무언가가 섞여서 뒤죽박죽되어 있는 상태라고 말할 수 있을 것이다. 그러나 그 내면에는 융합으로 말미암아 발생하는 선택의 문제, 정체성의 모호함, 이질성의 공존 등의 뜻이 포함되어 있다고 볼 수 있다.

이러한 퓨전 현상이 나타나게 된 원인은 결국 인간은 누구나 양면성을 가지고 있기 때문이다. 양면성이란 한 사물이나 대상에 대해 서로 상반되는 감정을 가지는 것을 뜻한다. 이러한 감정의 변화에 따라 사회적으로도 상반된 가치가 동시에 나타나고 있는 것이다.

그렇다면 퓨전 스타일 소비자의 특징은 무엇인지 살펴보자.

온라인과 오프라인을 종횡무진 넘나든다

2000년 쥬피터(Jupiter Research)의 조사에 따르면, 많은 소비자가 온라인과 오프라인을 종횡무진 오가고 있다는 것을 알 수 있다. 온라인에서 제품을 탐색하고 오프라인 점포에서 구매하는 소비자가 68퍼센트, 반대로 오프라인에서 탐색하고 온라인에서 구매하는 소비자가 54퍼센트이다. 이는 소비자의 온라인과 오프라인 사이의 채널 병행 현상이 이제는 일상화하고 있다는 것을 보여준다. 물론 이러한 현상은 산업이나 제품의 특성에 따라 조금씩 차이가 있을 것이다.

현재 우리나라 소비자의 인터넷 사용률 증가 추세를 볼 때, 온라인으로 전환이 빠른 속도로 이루어지겠지만 오프라인이 상당 부분 소멸할 것이라는 예상은 당분간 맞지 않을 가능성이 높다.

오히려 온라인과 오프라인을 병행하는 소비자의 행동 방식이 상당 기간 지속될 것이다. 이는 온라인이 오프라인의 대체라기보다는 상호 보완적이기 때문이다. 또한 각 채널별 차별화 포인트를 구축하려는 노력이 가속화하고 있기 때문에 퓨전 스타일 소비자가 온라인과 오프라인 사이의 경계를 넘나드는 행동은 지속될 것이다.

개인화(Personalization)와 표준화(Standardization) 욕구의 공존

개인화에 대한 욕구는, 디지털 기술과 고객 정보 분석력의 발전에 힘입어, 더욱 증가하고 있다. 이러한 개인화는 철저히 나만의 제품을 원하는 소비자의 요구(니즈)를 충족시킬 수 있다는 장점이 있다. 그러나 아직까지 표준화 제품이 시장에서 경쟁하고 있으며 여전히 표준화 제품을 원하는 소비자가 많다.

그 이유는 먼저 표준화 제품의 경우, 자기 자신이 소속된 집단을 나타내 주기 때문이다. 즉 10대들은 그들만의 헤어스타일, 옷차림이 있다는 것이다.

둘째, 맞춤화에 따른 선택의 어려움 때문이다. 자신만의 제품을 만들기 위해서는 그만큼의 시간과 에너지가 필요하다. 그러나 모든 고객이 시간과 에너지를 가지고 있는 것은 아니다.

마지막으로 개인의 주관적인 습관이나 느낌 때문이다. 온라인에서 신발을 주문할 때 똑같은 사이즈를 주문한다고 하더라도 한 사람은 꽉 조이는 듯한 느낌을 좋아하고 또 다른 사람은 헐렁한 듯한 신발을 좋아한다. 그러나 온라인에서는 단지 똑같은 사이즈의 신발을 주문할 수 있을 뿐이다. 이처럼 개인의 주관적인 느낌이나 습관은 오프라인의 표준화한 신발 가게에서 여러 개의 신발을 신어봄으로써 해결할 수 있다.

　이성적 소비성향과 감성적 소비성향의 동시 표출

　사람의 우뇌는 감성, 좌뇌는 이성을 통제한다고 한다. 사람의 마음속에는 이처럼 감성과 이성이 동거하고 있다. 따라서 이성과 감성 모두 한 소비자에게서 동시에 표출될 수 있다. 실제로 2001년 제일기획의 조사에 따르면, 쇼핑하기 전에 목록을 작성 한다는 이성적인 소비자가 약 35퍼센트로 나타났다.

　온라인 비즈니스 모델 가운데 가장 성공한 것은 경매, 온라인 서점 등이라고 할 수 있다. 이는 편리성을 추구하면서 기존 오프라인에 견주어 저렴한 가격에 구매할 수 있다는 점을 소비자가 높게 평가했기 때문이다. 이 밖에도 공동구매, 가격 비교 사이트 등으로 최적의 가격으로 제품을 구매하는 매우 이성적인 소비 행태가 늘어나고 있다.

　한편 같은 조사에서, 비싸더라도 유명 상표의 물건을 산다는 감성적인 대답 역시 32퍼센트로 나타났다. 이러한 유행을 반영하듯, 백화점 명품 매장 입점이 나날이 늘어나고 있으며, 저가품 위주의 재래시장에서조차 수입 명품 전문매장이 개설되고 있는 실정이다. 가전제품도 필요 이상으로 대형화, 고급화하고 있는 추세이다. 과거에는 수입 제품에만 의존하던 두 문 냉장고 시장을 국산 제품이 석권하고 있다. 이 제품은 최초에는 고급 소비자를 대상으로 기획했으나, 지금은 혼수로 누구나 하나씩 해가는 일반 제품이 되었다.

하지만 이성적 소비와 감성적 소비가 완전히 분리된 것은 아니다. 감성적인 소비 행태 속에도 이성적인 소비가 혼재하고 있다. 명품을 구매하고 싶은 감정과 그에 따른 결정은 감성적이다. 하지만 명품 하나를 사기 위해 공동구매 형식을 취하거나, 여러 매장과 사이트를 비교하고 구매하는 것은 매우 이성적인 소비 행동이라고 볼 수 있다.

집단과 개인 가치의 공존

한국 소비자의 가장 큰 특징 가운데 하나는 모방 소비라고 할 수 있다. 이는 한국 소비자의 라이프스타일이 매우 동질적이기 때문이다. 대부분 고등학교, 대학교를 마치고 직장 생활을 하게 된다. 또한 별다른 취미가 없고 남들이 비싼 차를 사면 나도 꼭 사야 된다고 생각하는 것이 우리나라 소비자이다. 이러한 동조화 현상은 과거 특정 제품군을 중심으로 나타나기 시작했지만, 최근에는 라이프스타일 측면에서까지 모방 소비가 일어나고 있다. 대부분의 젊은 직장인들은 요즈음 겨울에는 1박 2일의 짧은 기간을 이용해서라도 스키장에 가는 것이 필수 코스다.

이러한 동조화 현상은 미디어와 인터넷의 발달로 그 확산 속도가 더 빨라지고 있는 추세다. 물론 기업의 스타 마케팅과 버즈 효과(Buzz effect)를 이용한 소비자 공략이 많은 영향을 미친 것도 사실이다.

이처럼 소비를 통해 집단을 형성하고자 하는 욕구가 있는 반면에 자기중심적인 사고와 개인의 가치를 소중히 여기는 라이프스타일 추구 현상 역시 늘어나고 있다. 최근에는 홈시어터가 아닌 룸(Room)시어터가 신제품으로 출시되고 있다. 과거 가족 중심의 소비에서 개인의 가치를 우선하는 소비 형태로 전환되고 있는 것이다. 이는 가장 소중한 것은 '나 자신'이라는 젊은 세대의 가치관을 잘 반영하고 있다.

이러한 가치관은 군중 속에서 또는 유행을 따르면서도 차별화된 '나만의 개성'을 표현하는 형식으로 나타나게 된다. 휴대폰의 컬러링 서비스는 과거처럼 획일화한 기계음 벨소리가 아니라 자신들의 취향에 따라 언제 어디서나 벨소리를 바꿀 수 있기 때문에 폭발적인 성공을 거두고 있다.

지금까지 현재 나타나고 있는 퓨전 스타일 소비자에 대해서 알아보았다. 퓨전 현상은 어느날 문득 나타난 것이 아니다. 과거에도 퓨전이라는 말은 있었다. 물론 언어 자체의 의미에서 보듯이 주류를 이루는 현상은 아니다. 하지만 최근 주목할 만한 소비자의 트렌드 가운데 하나이므로 기업은 관심을 갖고 대응 방안을 마련해야 할 것이다.

성찰과 모색
나의 삶, 우리의 길

신영복
성공회대학교 석좌교수

오늘은 내가 20년 동안 한 수형생활에서 얻은 나의 삶과 우리의 길을 전달하고자 합니다. 내 소개에서 가장 중요한 부분은 감옥에서 20년 동안 있었다는 사실입니다. 20년이면 여러분들이 지금까지 살아온 시간과 거의 같은 기간이라고 할 수 있습니다. 좀 더 실감나게 이야기한다면, 7살까지는 별로 의식이 없으니까 여러분이 7살부터, 27살까지 20년 동안의 기간입니다. 그 20년을 나는 '나의 대학 시절'이라고 이름을 붙이고 있습니다. 내가 먼저 여러분들하고 나누고 싶은 얘기가 바로 '나의 대학 시절'에 관한 이야기입니다.

고리끼라는 러시아의 유명한 소설가가 쓴 '나의 대학'이라는 성장소설이 있어요. 고리끼는 사실은 초등학교 2학년 중퇴인가 그렇거든요. 어려서 부모님을 다 잃고 학교도 요즘 초등학교

1~2학년밖에 못 다녔어요. 그런데 왜, 어떻게 해서 '나의 대학'이 있나 궁금했어요. 해방 직후에 그 책이 번역됐다는 정보를, 우리가 대학 다닐 때 입수하고 고서점을 다 뒤졌어요. 그래서 찾았어요. 그랬더니 이 까잔이라는 불가강 연안에 있는 도시에 빈민촌에 살았던 약 3년 동안의 시절을 '나의 대학'으로 이름 붙이고 있었어요. 그 3년 동안이야말로 그가 세상을, 사회를, 또 인간에 대한 깨달음을 가질 수 있었던 기간이어서 그렇게 명명했던 것입니다. 아주 감동적인 내용이었어요. 그래서 나도 나의 수형생활 20년을 감히 '나의 대학 시절'로 명명하는 것이지요.

여러분은 지금 대학 생활을 시작하고 있는 사람들이기 때문에 또 하나의 대학의 얘기를 소개하려고 합니다. 지금도 연말연시라든가 또 무슨 일이 있을 때면 1년에 서너 번씩은 교도소에서 같이 살았던 사람들이 모이기도 합니다. 징역살이 같이 한 사람들은 대체로 아주 힘들게 살고 있습니다. 나는 대전교도소에서 수형생활을 하다가, 마지막에는 전주교도소에서 출소했습니다. 대전교도소에서 함께 살았던 사람들의 모임을 우리는 '대전대학 동창회', 전주교도소에서 함께 살았던 사람들의 모임을 '전주대학 동창회' 그렇게 부르고 있기도 합니다. 그만큼 우리가 감옥에서 깨달았던 사회와 역사에 관한 생각이 참으로 엄청났다는 생각을 지울 수가 없습니다.

'나의 대학 시절' 이야기

그 가운데 몇 가지를 소개하자면 아마 여러분들의 중학교 국어 교과서에도 나와 있는 글입니다만, 나이 일흔이 넘은 노인이 있었습니다. 옛날에 목수였기에 나와 함께 목공장에 같이 있었던 분이었는데, 그이가 땅바닥에다 집을 그리는 것을 보고 나는 충격을 받았지요. 처음에는 무엇을 그리는지 알 수 없었어요. 다 그리고 난 다음에 그것이 집이라는 사실을 알게 되었어요. 집을 그리는 순서가 달랐기 때문이었지요. 여러분들에게 집을 그려보라고 하면, 대부분이 지붕부터 그리지 않나요? 그 분은 주춧돌부터 그렸어요. 엄청난 충격이었어요. 일하는 사람들이 그리는 그림은 집 짓는 순서와 그리는 순서가 같았어요. 감옥 생활을 시작하던 징역 초년 때의 일이었지요. 깜짝 놀랐어요. 나는 사실 학교에서, 교실에서, 책을 통해서 자기 생각을 이렇게 키워왔던 그런 부류에 속하는 사람이었기에 나 자신을 냉정하게 직시하게 되는 엄청난 경험이었어요.

오늘은 내가 여러분들한테 무엇을 주장하거나 논리적으로 설득하기보다 이런저런 머리 속의 그림만 많이 보여드리기로 하겠습니다. 여러분들은 그 그림들을 여러분의 삶 속에서 같은 그림들을 찾아내면 돼요.

나와 같은 감방에 30살 정도의 젊은 친구가 있었어요. 이름이 아주 근사합니다. 정대의(鄭大義)였습니다. 큰 대(大) 자에 옳을 의(義) 자를 썼어요. 대의를 위해서 산다. 대의를 위해서 목숨을 바친다. 그런 뜻이잖아요. 하지만 이름은 이렇게 멋지고 나이 30살 밖에 안됐는데 절도 전과가 벌써 3개나 되었어요. 전과 3범이지요. 그래서 그를 볼 때마다 이름을 지은 아버님이 참 속상하시겠다는 생각을 하곤 했었어요. 그래서 내가 어느 날 물었어요.

"너 이름 대의를 누가 지었느냐?"고. 그의 대꾸는 의외였어요. 이름 이야기는 꺼내지도 말라고 신경질을 막 낸 것입니다. 그래서 "네가 이름값을 못해서 그렇지, 이름이야 얼마나 좋은 이름이 아니냐?"고 그랬더니, 속 모르는 이야기하지 말라는 것이었어요. 자기는 이름을 지어준 아버지나 할아버지가 없는 고아래요. 돌이 채 안됐을 때 광주도청 앞에 있는 대의동 파출소 옆에 버려진 고아였다는 거였어요. 그래서 이름이 '대의'가 됐다는 것이었어요. 그 얘기도 충격이었습니다. 책이나 문자를 통해서 자기 생각을 키워온 사람들의 창백한 관념성이 드러난 것이 아닐 수 없지요. '대의'라는 이름 글자를 통해서 그의 파란만장한 30여 년을 읽고 있었던 것이지요.

고아 출신의 한 젊은 사람의 힘겨운 인생을 이름자를 통해서 내가 이해하려고 했던 것이 정말 부끄러웠어요. 이처럼 징역 초년에 겪게 되는 이런저런 경험으로 해서 나는 나 자신이 어떤 사람인가를 먼저 깨달았어요. 나는 교장 선생 아들이었거든요. 학교 사택에서 태어났어요. 사택에서 태어나서 학교에서, 교실에서, 책을 통해서 생각을 키워온 사람이었다는 사실을 분명하게 깨닫게 됩니다. 우리가 대학 다니던 1960년대는 대단히 치열한 학생운동이 있을 때였어요. 지금 돌이켜 생각해보면, 나는 그 당시에 우리가 가졌던 생각들도 관념적인 것에 지나지 않았다고 생각돼요. 방금 소개한 사람들과의 만남을 통해서 나 자신을 냉정하게 바라볼 수 있게 되었습니다. 자기 자신을 냉정하게 바라보는 것, 이것이 모든 일의 출발입니다. 자기 자신을 정확하게 아는 것, 그것이 모든 일의 출발이어야 한다는 말입니다.

그 다음에 또 나의 대학 시절에서 깨달은 것은 다른 사람에 대한 온당한 이해 방식입니다. 우리가 어떤 사람의 말 한 마디를 트집잡아서 그 사람을 욕하기는 것은 참 쉬워요. 그 사람의 행동 하나만 가지고 그를 욕하기도 참 쉽지만, 그런 것은 다른 사람에 대한 온당한 이해 방식이 못됩니다. 근본적으로 대단히 천박한 인식이 아닐 수 없습니다.

역시 나와 함께 있었던 나이가 마흔쯤 된 어느 재소자의 이야기입니다. 누군가가 접견을 왔습니다. 접견 올 사람이 없는 사람이었는데, 누가 접견 왔다는 것이었어요. 접견 다녀와서는 아주 침울해요. 우리가 물었지요. 누가 왔느냐 하니까 자기도 모르는 사람이 왔다는 거였어요. 그래도 자기가 누구라고 얘기는 했을 것 아니냐고 캐어물었더니, 그날 저녁에 띄엄띄엄 얘기했어요.

어떤 내용이었냐 하면 자기는 어려서 아버님이 돌아가시고 3남매였는데, 먹고살 길이 없는 어머니가 딸 하나, 아들 형제를 삼촌댁에 맡기고 재가해 갔대요. 다른 데 시집간 것이지요. 그렇게 삼촌 댁에 얹혀살았다고 해요. 딸은 그 삼촌댁에 그냥 붙어서 자랐지만, 아들 둘은 뛰쳐나와서 결국 감옥까지 들어왔어요. 여러 차례 감옥을 들락날락하며 살았는데, 오늘 접견 온 사람은 어머니가 재가해 간 그 집의 아들이었어요.

그의 어머니는 마침 어린이 셋을 두고 어머니가 세상을 떠난 집으로 시집을 갔었나 봐요. 그 집은 아마 살기가 나은 집이어서 그의 어머니를 새어머니로 데리고 가서 아들 셋을 기르게 되었대요. 오늘 접견 온 사람은 그 아들 셋 가운데 하나였다는 것이었어요. 나이가 서로 비슷한 사십 가까운 사람이었어요. 자기의 새

어머니를 가만히 관찰하니깐 늘 수심이 깊었는데, 자기가 버리고 온 아들이 감옥에 있어서 더 마음 아파하는 걸 알게 되었다는 것이었어요. 그래서 오늘 내가 당신을 접견하러 온 것이다, 만약 당신 어머니를 내 새어머니로 데리고 오지 않았더라면, 내가 지금쯤 감옥에 있고 당신이 밖에 있었을지도 모르는 일이 아닐까, 그런 얘기를 하더래요. 나는 그 이야기를 듣고 그 이가 매우 훌륭한 사람이라는 생각을 하지 않을 수 없었어요.

그렇게 자기 처지를 바꿔서 생각하기란 쉽지 않은 법이지요. 남을 이해한다는 것은 대단히 어렵습니다. 내가 20년 징역살이 가운데서 대전교도소에서만 15년 동안 있었어요. 좋지도 않은 교도소에서 그렇게 오래 있었어요. 모스크바라는 별명이 붙을 정도로 규율이 가장 엄한 대전교도소에서만 15년 있었던 것이지요.

한 교도소에 10여 년 이상 살게 되면 고참 대접을 받습니다. 마치 교도소 주인 같이 되지요. 꼭 고참이 아니더라도 대개는 만기가 돼서 출소하는 사람들이 이른바 만기인사라는 걸 해요. 만기인사라는 것이 판에 박힌 인사말이지요. 그동안 신세 많이 졌습니다. 몸 건강하게 잘 계시다가 사회로 나오시기 바랍니다. 이런 정도의 내용입니다. 내 경우에는 무기수에다가 시국사범 또는 사상범이기 때문에 꼭 한 마디 덧붙이는 인사말이 있습니다. '하루 속히 국가에 은전이 있어서 사회에 나오시길 바랍니다'라는 인사말입니다.

그렇게 많은 사람들이 출소하는 것을 보게 됩니다. 그런데 인사말을 주고받으며 출소한 사람들 가운데 상당수가 다시 또 들어와요. 그것도 얼마 안 있다가 들어오는 사람들이 적지 않습니다.

그럼 지난번처럼 또 함께 살게 되지요. 그러다가 또 만기가 되면 와서 만기인사를 하게 되지요. "그동안 참 신세 많이 졌습니다. 몸 건강히 계시다가 하루 속히 국가의 은전이 있어서 사회에 나오시길 바랍니다" 하며 출소하고. 그런 만기인사를 똑같은 사람하고 여러 번 해요.

내가 대전교도소 15년 동안 한 사람과 만기인사를 제일 많이 나눈 횟수가 7번이었어요. 나갔다가 들어오기를 7번했다는 것이지요. 자기도 민망했던지 5번째인가 6번째의 만기인사를 하면서 나보고 그래요. "만기인사를 하면 대부분의 사람들이 하는 말이 있어요. '이제 나가서 맘 잡고 참답게 살아라'는 답사를 하는데, 왜 당신은 그런 얘기 안하느냐?"하고 묻는 것이었어요. 그래서 생각해 보니까 내가 그런 답사를 얘기한 적이 없었던 것 같았어요. "맘 잡고 참답게 살아"라는 말을 왜 못했는가 하면, 나도 저 사람처럼 집도 절도 없고 전과만 잔뜩 붙어있으면 사회에 나와서 어떻게 살 수 있을까 하는 그런 생각이 한쪽 구석에 있었기 때문이었어요.

만기인사를 나눌 때마다 내가 할 수 있는 이야기의 최고 형태는 '야! 이번에 나가면 잡히지 말고 어떻게 잘 좀 해봐라'는 것이었어요. 잘 해보라는 게 안 잡히도록 해보라는 그런 뜻이거든요. 왠지 그 사람에게 내가 뭐라고 할 수가 없었어요. 맘 잡는 것도 중요하지만 자리를 잡아야 하지 않을까 하는 생각이 있었던 것이지요. 어떤 사람을 판단할 때 그 사람만 가지고 판단하면 안 된다고 봐요. 그 사람이 어떤 환경에, 어떤 처지에 있는가를 같이 생각해야 되는 것이지요. 사람과 그 사람의 처지를 함께 아울러 이해하는 것이어야 한다고 생각해요.

이처럼 자기를 냉정하게 직시하는 것, 그리고 남을 온당하게 이해하는 것은 대단히 어려운 일입니다만, 그만큼 대단히 중요합니다. 내가 오랫동안 독방에 있다가 공장으로 출역을 하게 됩니다. 교도소에도 여러 종류의 공장이 있습니다. 목공장, 인쇄공장, 양재·양화공장 등 여러 공장이 있습니다. 나는 물론 장기수이기 때문에 공장도 여러 곳을 겪었어요. 처음 공장 출역을 놓고 우리 사건에 함께 들어온 후배들과 많은 논의를 하게 됐습니다. 내가 연루된 사건으로 함께 구속된 사람들은 주로 학생운동 관련 사건이었는데, 약 30여 명이 되었어요.

그 가운데 어떤 사람은 독방에서 계속 독서만 하다가 출소하겠다는 사람도 있고, 공장에 출역해서 일반 수형자들과 함께 생활해야 한다고 주장하는 사람도 있었습니다. 공장에 출역해서 노동 품성도 기르고, 특히 일반 재소자들하고 부대끼면서 우리 사회를 읽어야 한다는 주장도 있었어요. 일반 재소자들에게서는 배울 것이 없다는 주장도 있었어요. 러시아혁명사에서도 범죄자를 룸펜 프롤레타리아로 규정하고 있다는 것이지요. 룸펜 프롤레타리아는 오히려 반동적인 입장에서 사회변혁에 저항하는 계층이라는 이유에서였지요. '그렇지 않다. 그들은 비록 노동의욕이나 사회변혁의지는 없지만, 그래도 그들의 삶 속에는 우리 사회의 수많은 사람들이 짐 지고 있는 아픔이 있는 사람들이다. 그것이 곧 민중성이라고 할 수 있다. 그래서 '브 나로드', 즉 '민중 속으로' 라는 구호도 바로 러시아혁명 과정에서 나온 것이다. 그걸 배워야 한다'는 논의들이 있었어요.

　나는 어쨌든 공장에 출역했어요. 물론 아까 말한 대로 무기수였기 때문에 독방에만 있을 수도 없었지만, 나로서는 민중성이라는 화두가 없었던 것도 아니었어요. 그런데 일단 출역하고 나서 전혀 다른 상황에 부딪히게 되는 것이었어요. 작업도 열심히 했는데도 왕따였어요. 왕따. 한 마디로 안 붙여줘요. 무기징역이면 그래도 같이 사는 사람들이 조금은 배려를 해주는 것이 보통인데, 딱 거리를 두고 왕따시키는 거예요. 대단히 섭섭했어요. 그들이 왕따시키는 이유가 분명했어요. 나라는 사람을 사회에서 자기와 같은 사람들을 멸시하고 업신여기는 부류에 속했던 사람으로 딱 점찍는 거예요.

　나는 사실 대학교 선생하다가 감옥에 들어갔거든요. 대단히 힘든 상황에 놓인 것이었어요. 대체로 이런 상황에서 먹물들은, 먹물이란 공부를 한 사람들이란 뜻이지요. 먹물들은 십중팔구 설득하려고 해요. 자기를 합리화하려고 하는 것이지요. 그러나 고생고생하면서 세상을 몸으로 살아온 사람들은 대체로 말을 신뢰하지 않습니다. 설득하고 합리화하려고 하면 할수록 오히려 더 어색해지기만 해요. 결국은 생활을 통해서 하나하나 검증 받는 수밖에 없어요.

　내 경우에 일반 재소자들하고 같이 인간적으로 관계를 맺기까지 아마 한 5~6년은 걸리지 않았나 그런 생각이 들어요. 참으로 어려운 일이 아닐 수 없었습니다. 내가 수형생활 20년을 '나의 대학 시절'이라고 이름 붙이는 이유는 무엇보다 먼저 나 자신을 반성하는 시절이었고, 다른 사람에 대한 인간적인 이해를 어떻게 해야 될 것인가를 침통하게 고민했던 시절이기 때문입니다. 특히 사람과의 관계가 어떻게 이루어지며, 그것이 어떤 것인가를 깨달을 수 있었던 것입니다. 뿐만 아니라 사회에 있었더라면 결코 만날 수 없었던 수많은 사람들을 만났던 시절이었기 때문이었지요.

대전교도소에는 시국사범이나 사상범들이 많았어요. 해방 전후의 정치 공간에서 활동했던 사람, 6·25 때의 사건으로 들어온 사람, 지리산의 빨치산 출신들도 있었고, 북에서 파견된 공작원도 있었고, 그 사람들 실어 나르던 안내원들도 있었어요. 수많은 사람들로부터 굉장히 많은 이야기를 열심히 들었어요. 이러한 이야기들은 우리의 근현대의 역사에 대해서 책에서 읽은 것과는 전혀 다른 깨달음을 갖게 해줍니다. 화석이 된 역사가 아니라 실제로 그러한 역사 공간에 살았던 사람들로부터 듣는 이야기는 피가 통하고 숨결이 이는 듯한 역사를 느끼게 되는 것이지요. 사회와 역사와 인간에 대한 깨달음을 갖게 되는 세월이었던 셈이지요. 그야말로 '나의 대학 시절'이었습니다.

감옥으로부터의 사색

나의 대학 시절은, 최종적으로는 나 자신의 대한 종합적인 정리를 하는 기간이었어요. 20년 징역살이 가운데서 내가 독방에 있었던 기간을 합하면, 물론 한꺼번에 있지는 않았지만 다 합하면 5년쯤 돼요. 5년 정도의 독방 생활이었는데, 독방에서 내가 가장 많이 했던 것이 명상이었어요. 면벽명상(面壁冥想)이었어요. 벽을 마주하고 앉아서 하는 명상이었지요. 명상은 생각을 열어주는 것이라고 했어요. 명상 관련 서적도 보면서 호흡 자세 등을 엄격하게 해서 그야말로 용맹정진했었지요. 그런데도 안 되더라고요. 우주의 정보체계와 소통하는 그런 경험은 가질 수 없었어요. 나는 지금도 도통했다는 사람들의 이야기를 신뢰하지 않는 편입니다. 그래서 명상의 방법을 아예 바꿨어요. 어떻게 바꾸었는가 하면 내가 어려서부터 만났던 모든 사람들을 하나하나 다시 생각하는 거예요. 머릿속에 떠올리는 거죠. 이를테면 추체험(追體驗)하는 거예요. 내가 만난 사람들, 그리고 내가 겪은 모든 일들을 다시 한 번 떠올려서 그것의 의미를 재구성하는 것이지요.

5년 남짓 면벽명상을 통해서 참 많은 것을 깨달았습니다. 극히 사소한 사건이라고 생각되는 그 속에 해방 직후의 엄청난 정치적인 성격이 거기에 담겨 있는 것을 깨닫게 되기도 하고, 오래 같이 있었는데도 별로 나한테 영향을 주지 않은 사람이 있는가 하면, 잠깐 만났을 뿐인데도 내 속에 깊숙이 들어와 있어서 오래 영향을 주고 있는 사람도 있었어요.

중학교 1학년 때 일이었어요. 1월 1일 날 방학이고 겨울이잖아요. 그런데 학교에서 그때는 신년식을 했어요. 학생들을 소집해서 추운 운동장에서 신년식을 하고는 담임선생님이 교실에 또 들어가자고 했어요. 교실에 쭉 앉혀 놓고는 1번부터 신년을 맞이하는 각오를 한 마디씩 하도록 했지요. 난로도 없는 추운 교실이어서 우리는 약속이나 한 듯이 숙제, 심부름, 숙제, 심부름을 번갈아 가면서 신년각오로 이야기하고 있었는데, 중간쯤에 앉아 있던 어떤 친구가 자리에서 일어서더니 띄엄띄엄 이야기했어요. 공부도 잘 못하고, 집도 가난하고, 학교에서 거의 눈에 띄지 않는 약한 친구였지요. 자기는 선생님의 그런 이야기가 납득이 안 된대요. 왜냐하면, 시간이라는 것은 그냥 강물처럼 흘러가는 건데 여기가 1월 1일이라고 뭘 얘기하라고 한다는 것이 자기에게는 이해가 안간다는 그런 얘기를 중학교 1학년이 한 것이었어요. 숙제, 심부름, 숙제, 심부름 반 장난으로 가던 교실 분위기가 싸늘하게 굳어졌어요. 깜짝 놀랐어요. 나도 후회가 되더라고요. 저 얘기를 내가 할 걸 그런 생각이 들었어요. 그 친구를 면벽명상의 추체험에서 다시 찾아낸 것이었어요. 그의 이름은 결국 찾아내지 못했습니다만.

감옥에서 가족들에게 보낸 편지가 책으로 묶여서 《감옥으로부터의 사색》이라는 이름의 책이 있어요. 물론 책 제목은 제가 붙인 것이 아닙니다만, 혹시 그 책 속이나 내게 조금이라도 사색적인 것이 있었다면 아마 그 친구의 영향이 아니었을까 하고 생각해요. 5년 남짓 추체험을 통해서 내가 얻은 결론은 이렇습니다. '나'라는 존재는 다른 사람과 구별되는 나만의 배타적 아이덴티티가 아니라는 것이었어요. 내가 만난 모든 사람들, 내가 겪은 모든 일들이 내 속에 들어와서 나를 구성하는 것이다. 그런 결론을 내렸어요.

관계론 담론

이러한 추체험이 계기가 되었다고 생각됩니다만, 내가 현재 제기하고 있는 이른바 '관계론(關係論)' 담론이 바로 그것입니다. 강의나 논문을 통해서 지속적으로 제기하는 화두가 되어 있습니다. 관계론에 관해서 이 자리에서 설명하기가 쉽지 않습니다. 더구나 유한대학은 이공계 대학이기 때문에 그렇습니다. 차라리 원자물리학의 예를 드는 것이 쉬울 듯합니다. 물론 내 전공이 아니긴 합니다만, 현대물리학이 입증하고 있는 현 단계의 가설체계가 바로 물질의 궁극적인 형식은 입자가 아니라는 것이지요. 파동이기도 하고 입자이기도 하고 끈이기도 하고 막(membrane)이기도 하다는 것이지요. 한마디로 물질은 배타적이고 항구적으로 존재하는 빌딩 블록이 아니라는 것이지요. 심지어는 소립자 가운데는 쿼크와 같이 혼자서 존재할 수 없는 것도 있습니다. 존재할 수 있는 가능성, 즉 존재할 수 있는 확률로서 존재할 뿐이라는 것이지요. 존재란 관계라는 것이지요. 배타적인 존재, 독립적인 존재란 불가능하다는 것이 관계론의 핵심입니다.

쉬운 예를 들지요. 이게 촛불이잖아요. 이 불이 자기 혼자 존재할 수 있어요? 혼자 존재 못하잖아요. 초의 심지가 있어야 하고, 파라핀이 있어야 하고, 그 다음에 산소가 있어야 하고 탄산가스는 없어야 하고 바람도 없어야 하고……. 이처럼 촛불 하나가 존재하기 위해서도 참 많은 요소들의 관계가 이루어져야 하는 것이지요. 물질은 관계성의 총체이다. 관계성의 총체이며 확률적 존재일 뿐 배타적인 자기만의 어떤 불변의 존재란 없다는 것이지요. 생명의 경우는 달리 설명할 필요가 없습니다. 생명이 외부의 에너지나 물질과 교섭이 없으면 생명이 유지될 수가 없어요.

이 자리에서 여러분과 이야기하고자 하는 핵심은 우리가 대면하고 있는 이기적이고 개인주의적인 그런 사회문화, 그리고 우리들의 개인주의적 의식을 반성해야 한다는 것이죠. 내가 경제학을 전공하기 때문이기도 합니다만, 이러한 개인주의적 문화와 의식은 바로 근대사회, 곧 자본주의의 전개과정이 보여준 존재론적인 패러다임에서 연유하는 것이지요. 이 얘기는 매우 복잡한 논의가 필요하기 때문에 간략하게 얘기하겠습니다. 널리 알려져 있는 '화이부동(和而不同)'을 예로 들겠습니다.

여러분들이 한문을 잘 모르기 때문에 오히려 더 어려울지도 모릅니다만, 이 화이부동의 뜻은 '군자는 다른 사람들과 화목하되, 부화뇌동하지 않는다'는 뜻입니다. 이러한 해석이 일반적 해석입니다. 그러나 이 해석에는 문제가 있습니다, 이 자리에서 자세하게 논박하기는 어렵습니다만, 이 화동(和同) 담론은 대단히 중요한 논의입니다. 이 경우 화(和)라는 것은 서로의 차이와 다양성을 승인하고 서로 공존하는 것을 의미합니다. 그렇지 않고 다른 존재를 자기 것으로 만드는 것, 즉 동화(同化), 흡수(吸收), 합병(合倂), 지배(支配)하는 것을 동(同)이라고 하는 것입니다.

《논어》의 이 화이부동이라는 메시지는 윤리적인 메시지가 아니예요. 춘추전국시대에 대한 유가(儒家) 학파의 정치적인 선언이라고 보는 것이 옳습니다. 춘추전국시대(春秋戰國時代) 아시죠? 수많은 나라들이 똑같이 부국강병(富國强兵)을 국가적 목표로 하여 전쟁의 방식으로 흡수 합병하는 그런 시기였어요. 춘추시대에 12개였던 나라가 전국시대는 7개로 줄어들고, 결국은 진시황의 진나라 하나로 통일되는 그런 과정이었지요. 그러한 춘추전국시대에 대한 유가 학파의 정치적 입장이 잘 표현된 구절이라 할 수 있습니다.

큰 나라든 작은 나라든, 강국이든 약소국이든 그 다양성과 차이를 그대로 승인하는, 곧 공존의 질서를 존중하는 것이지요. 이러한 화(和)의 원리에 따른 세계 질서가 진정 전쟁을 막고 백성들의 희생을 막는다는 것이지요. 동(同)의 논리에 대한 비판이라 할 수 있습니다. 한 개의 패권적 국가가 모든 국가를 흡수, 합병하는 패권적 질서에 대하여 분명한 반대를 언명하고 있는 것이지요.

　사실 동의 논리는 근현대를 일관하는 기본적인 패러다임이라고 해야 할 것입니다. 콜럼버스에서부터 오늘날의 이라크에 이르기까지 근대사의 전개 과정 자체가 동의 논리였다고 생각하지요. 자기의 배타적인 존재성을 강화하는 논리지요. 이를테면 강철의 논리예요. 그게 개인이든 기업이든 국가든, 자기의 존재를 강화하는 것이 바로 동의 논리입니다. 경영 논리이든 교육 논리이든, 이러한 동의 논리는 오늘날 사활적인 경쟁에 내몰리고 있는 신자유주의적 세계 질서의 핵심 논리입니다.

　개인으로서의 우리 자신들도 그러한 동의 논리에 깊숙이 물들어 있다고 생각해요. 김영호 학장님이 주장하시는 '지속가능성', 다만 환경적 지속가능성 뿐만 아니라 경제적, 사회적 지속가능성이 이러한 동의 논리로는 절대로 이루어질 수 없는 것이지요. 차이와 다양성이 공존하는 화의 질서로 전환하지 않는 한 지속가능한 세계는 자연이든 사회든 불가능한 것이에요.

동양의 관계론, '뉘 집 큰아들'

　이와 관련하여 동양적 패러다임에 대한 재조명이 필요합니다. 한마디로 동양 문화는 존재론적이지가 않아요. 동양적인 문화는 관계론을 중심 원리로 하고 있는 것이지요. 내가 자신 있게 이야기 할 수 있는 붓글씨, 곧 서도(書道)에 관한 이야기를 예로 들어서 설명하지요. 여러분들이 잘 아는 소주 '처음처럼'이 내 글씨로 되어 있지요. 곳곳에 걸려있는 내 글씨가 많습니다. 우리나라에서 제일 명당이라는 오대산 상원사 대웅전 현판이 내 글씨입니다. 2002년 월드컵을 앞두고 서울의 월드컵 경기장 입구에 가로 2미터에 세로 12미터의 최대 목각현판을 내 글씨로 올렸어요. 글씨 자랑이 아니라 서도에 대한 얘기를 하기 전에 어느 정도의 권위를 확보해야 서도에 관한 이야기에 대해서 설득력이 있잖아요.

서도라는 것이 서양에는 없는 장르임은 물론입니다. 서양에는 없어요. 지금 간단한 글씨를 하나 쓸게요. 선을 하나 그었는데 각도가 너무 치우치게 그었다고 하면, 그러면 이걸 지우고 다시 못 쓰죠. 그러면 이 첫 획의 실패를 어떻게 커버하느냐 하면 그 다음 획으로 커버를 해야 합니다. 그래도 아직 균형이 맞지 않으면 그 다음 획으로 보완을 해야 합니다. 이렇게 고민하면서 글씨를 써요. 한 글자의 결함은 그 다음 글자로써 다시 커버해야 돼요. 여기가 기니까 여기는 짧게 쓰고, 그 다음에 이쪽에 먹이 여기보다 적으니까 이렇게 하면 될 것을 여기까지 끌고 가요.

붓글씨 쓸 때는 굉장히 집중도를 높여야 해요. 글자와 글자, 획과 획, 행과 행을 동시에 보면서 써야 합니다. 그러면서도 전체의 균형을 이루어내야 합니다. 멀리 뚝 떨어져 있는 점 한 개나 비뚤어져 있는 획 하나도 전체 균형에 참여하고 있는 것이지요. 또 가장 중요한 것은 흑과 백의 조화입니다. 글씨와 여백의 조화와 균형입니다. 심지어 내 경우에도 붓글씨를 쓸 때에는 까만 부분은 보지 않고 여백인 흰 부분을 주로 보고 쓰는 셈이지요.

디자인 전공하는 사람들의 표현으로는, 네거티브 스페이스만 보면서 쓴다고 하더군요. 글씨를 다 쓴 다음 방서를 쓰고 낙관을 합니다. 이 방서와 빨간 낙관도 전체 균형에 참여하고 있습니다. 이것이 이른바 내가 이야기하는 서도의 관계론입니다. 한 폭의 서도 작품 속에는 결함과 실수와 그것을 보완하려는 노력과 사과와 감사 등의 인정이 고스란히 담겨 있는 거예요. 서로가 서로에게 기대고 있는 농밀한 수준의 관계성이 그 속에 담겨 있는 것이지요. 뿐만 아니라 서예 작품과 그 글을 쓴 사람과의 관계, 그리고 최종적으로는 글귀의 내용과 사회의 시대적 과제가 서로 관계되어야 합니다.

언젠가 누가 나한테 서예 작품을 보여주면서 평가를 부탁한 적이 있었어요. 여러분도 본 적이 있겠지만 많은 글씨를 또박또박 박아 쓴 작품이었어요. 글자와 글자 획과 획이 옆 글자와는 아무런 관련이 없는 그런 글씨 작품이었어요. 서로 도움 줄 것도 없고 받을 것도 없는 그런 글씨여서 내가 한 마디로 이 글씨는 서구적 시민질서는 잘 잡혀 있다고 품평을 한 적이 있었어요. 이를 테면 존재론적 포맷이라고 해야 합니다. 서도는 동양적 장르이고, 그 속에 담고 있는 철학은 관계론의 원리입니다.

다만 이러한 인식이나 미적 정서 뿐만 아니라 우리들이 가지고 있는 생활의 기본적 정서 역시 우리의 경우는 매우 관계론적인 것이라 할 수 있습니다. 대전교도소에서 고암(顧巖) 이응로(李應魯) 선생이 복역하신 적이 있어요. 여러분들은 잘 모르겠지만, 동베를린 사건으로 윤이상(尹伊桑) 선생과 함께 구속되신 분이시지요. 프랑스에서 유명한 화가였습니다. 내가 대전교도소로 이송

갔을 때에는 이미 출소를 하고 난 뒤였어요. 그 고암 선생과 함께 있었던 젊은 친구를 만날 수 있었어요. 그 젊은 친구의 표현을 빌리자면, 그 노인네는 괴팍한 노인이라는 것이었어요. 교도소에서는 일반적으로 수번(囚番)으로 부르는데, 그 분은 만나는 사람마다 이름을 물었다는 것이었어요. 그게 괴팍하다고 하는 이유였어요. 교도소에서는 수번으로 통하거든요.

교도소에서는 이름 대신 수번으로 불리는 게 편하기도 해요. 나도 20년 동안 계속 불리던 수번을 잊어버리지 않아요. 지금도 그게 예금 계좌에 비밀번호예요. 그런데 고암 선생은 차마 사람을 번호로 못 불렀나 봐요. 그 젊은 친구는 응일(應一)이란 자기 이름을 알려드렸더니 "뉘 집 큰아들 징역살이하고 있구먼" 그러더래요. 한 일(一) 자 들어가는 이름이 맏아들이잖아요. 자기가 맏아들이었대요. 그러고 그날 밤에 잠을 자지 못했답니다. 고향에 있는 부모님과 형제들 생각에 잠을 못 이루었다고 했어요. 자기가 고향 떠나올 때 누이동생 시계를 몰래 갖고 나왔대요. 사주지도 못하고 그냥 징역살이만 하느라 여태 고향에 가지도 못하고 있다고 했어요.

이처럼 우리 삶의 정서는 개인을 배타적 존재로 받아들이지 않지요. '뉘 집 큰 아들'로 받아들이는 것이지요. 우리의 정서, 미학 그리고 기본적 철학적 패러다임이 서구 근대사회의 존재론적 논리와는 다른 패러다임이라는 사실을 주목하는 것이 필요해요. 여러분들은 분명하게 의식하고 있지는 않지만, 존재론적인 동의 논리와는 전혀 다른 사고를 여러분들도 사실 갖고 있어요. 신자유주의적 환경 때문에 그걸 우리가 정직하게 못 보는 것이죠. 아주 중요한 것입니다. 그걸 우리가 다시 깨달아야 하고 왜 그런 인간과 인간과의 관계, 관계론적인 정서와 생각이 이렇게 황폐화하고 있는가를 반성해야 된다고 봐요. 오늘 강당에서 하는 특강이어서 클래스가 너무 큽니다. 논리적으로 설명하는 것이 불편한 것 같아서 처음 약속한 대로 그림만 여러 가지 보여드리고 있습니다. 이제까지 여러 개의 그림을 보여드렸지요?

징역살이를 한 10년 정도 하게 되면 사람들의 죄명을 정확하게 알아보게 돼요. 쟤는 절도, 쟤는 강도, 쟤는 사기. 딱 보면 정확하게 알아맞추지요. 그 다음에 조금 더 주의 깊게 보면 형기가 몇 년인가도 알아맞힐 수 있어요. 3년, 5년, 10년 등. 왜냐하면 교도소라는 좁은 감방에서 함께 오랫동안 숨길 것 감출 것도 없이 적나라하게 부대끼면서 그 사람의 삶의 온 과정을 이야기 듣기 때문에 사람에 대한 이해가 그만큼 깊어진다고 할 수 있습니다. 이러한 느낌을 사회에서 요긴하게 쓰고 있는 경우가 있습니다. 지하철에서 자리 잡을 때 내가 확실히 유용하게 사용할 수 있어요. 어느 사람이 어느 정거장에서 내릴지 정확하게 알아 맞힐 수 있지요.

언젠가 1호선 전철역에서 경험한 일입니다. 영등포역에서 전철을 타고 인천을 가는 길이었어요. 평소에는 앉지 않지만 2시간 정도의 강의를 앞두고 있기도 하고 지난 밤 늦게 일했기 때문에 10분 정도라도 앉아서 졸기로 했어요. 그러고는 다음 역인 신도림에서 내릴 만한 사람 앞에 자리를 잡았지요. 물론 그 사람은 신도림에서 일어섰습니다. 그런데 바로 옆자리에 앉아 있던 젊은 여자 분이 얼른 그 자리로 옮겨 앉고 자기 앞에 서있던 친구를 자기 자리에 앉히는 일이 벌어졌어요. 나는 내린 사람의 정면에 서서 그 자리에 대한 나의 연고권을 주변에 말없이 선언하고 있었음에도 그런 일이 벌어진 것이지요. 당황스럽기도 하고 우습기도 했지만, 중요한 것은 왜 그런 일이 일어날 수 있는가 하는 것이지요. 그걸 여러분들과 이야기하고 싶은 것이에요.

결론은 그 여자 분과 내가 아무 관계가 없다는 것입니다. 과거에도 관계가 없었고 앞으로도 아무 관계가 없다는 사실에서 그런 일이 일어나는 것이라는 사실입니다. 만난 적도 없고 그 뒤로 만난 일도 없어요. 우리는 그 전철 안에서 오래 있을 사람들도 아니에요. 서울시민의 평균 전철 탑승 시간이 20분이에요. 열 정거장입니다. 20분으로는 우리가 관계를 맺지 못하는 것이지요. 사회란 인간관계가 지속적으로 작동하는 질서가 본질입니다. 인간관계가 황폐화하고 있다는 사실이 중요한 것이지요.

《맹자》에는 유명한 “이양역지(以羊易之)”라는 글귀가 있습니다. 소를 양으로 바꾼다는 뜻입니다. 맹자가 어질기로 소문난 제(齊)나라의 선왕을 찾아가서 확인하지요. 내가 이러저러한 소문들을 들었는데 그런 일이 있습니까? 소문의 내용은 어느 날 소를 끌고 가는 신하가 있었는데, 그것을 선왕이 보고 그 소 어디로 끌고 가느냐고 묻자, 흔종하러 갑니다. 소를 죽여서 종 표면에 피를 바르는 제사의식이 흔종입니다. 그러니깐 선왕이 그 소가 벌벌 떨면서 사지로 끌려가는 게 불쌍해서, 차마 못 보겠으니 놓아주라고 합니다. 그래서 신하가 그럼 제사를 폐할 것인가를 물었더니, 제사야 어떻게 폐하겠느냐, 소를 양으로 바꾸어서 제사를 지내라고 했다는 것이지요. 이것이 이른바 “이양역지”의 고사(故

事)입니다.

맹자의 확인 질문에 선왕이 실제로 그렇게 소를 양으로 바꾼 적이 있다고 했어요. 맹자는 왜 바꾸었는가라고 다시 묻습니다. 벌벌 떨면서 끌려가는 소가 불쌍해서 바꾸라고 했다는 것이었지요. 그럼 양은 불쌍하지 않느냐고 다시 묻습니다. 그런데 선왕은 백성들은 큰 걸 작은 걸로 바꿨다고 해서 임금이 인색하다고 욕하고 있다는 것이었어요.

맹자는 제나라 선왕 자신도 몰랐던 이유를 설명합니다. 선왕이 왜 바꾸라고 했겠어요? 소는 봤고 양은 안 봤기 때문입니다. 자기가 직접 본 소가 죽는 것은 참을 수가 없고, 보지 못한 양이 죽는 건 그래도 좀 나은 것이지요. 그래서 '본다', '만난다'는 사실이 굉장히 중요해요. 그러니까 전철에서 내가 맡아 놓은 자리를 가지고 간다는 것은 그와 내가 맺고 있는 관계가 없기 때문이라는 것이지요. 나하고의 만남이 없었고 만남이 없을 것이기 때문이지요. 이것은 한 마디로 인간관계의 문제입니다.

우리 사회 인간관계의 실상

아까 말했듯이, 인간관계가 지속적으로 유지될 때 그게 사회가 가능하는 것이라고 봐요. 내가 모스크바에 갔을 때 지하철에선 좀 다른 광경을 목격했어요. 젊은 사람들이 앉아서 탑승구 쪽을 계속 봐요. 노인이 들어오면 얼른 일어나 가서 모셔와 자리에 앉혀요. 그런 게 한두 번이 아니어서 우리를 안내하는 사람한테 물어봤어요. 이곳의 젊은 사람은 모두 그렇게 하느냐고? 당연히 그렇게 한다고 그래요. 왜냐하면 이 지하철을 저 노인들이 건설했기 때문이라는 대답이었어요. 저 노인들이 젊음을 바쳐서 건설한 게 지하철인데, 젊은 사람이 어찌 자리를 양보하지 않겠느냐는 것이었어요. 내가 우리 학교 학생들에게 일부러 질문을 해보지요. 노인들이 지하철을 건설했는데 너희들은 왜 양보않느냐고. 그들의 대답 역시 명쾌합니다. 물론 노인들이 지하철을 건설하기는 했지만, 그건 자기 봉급 받으려고 건설했지, 우리하고 아무 상관이 없다는 대답이었어요. 그 대답도 사실 맞는 말입니다.

이것은 다만 지하철의 좌석 이야기가 아닙니다. 우리 사회의 인간관계의 실상에 관한 이야기가 아닐 수 없습니다. 아까 근대 사회, 자본주의 역사가 동(同)의 역사라고 했습니다. 우리나라가 그동안 몰두해왔던 근대화 기획이 우리의 현실을 그렇게 이끌어온 것이지요. 자본주의는 자본의 논리가 구조화하는 사회입니다. 자본은 가치증식(價値增殖)을 본질로 하지요. 대내적으로는 독점화, 대외적으로는 필연적으로 패권화하는 과정을 밟게 되지요. 얼굴 없는 생산자와 얼굴 없는 소비자가 상품 교환이라는 지극히 각박한 채널을 통하여 연결되고 있는 것이 근대 자본주의 사회의 기본적 구조입니다. 우리는 우리의 의식과 삶 속에 광범하게 자리 잡고 있는 동양적 문화와 정서에 대하여 새로운 조명을 해야 합니다.

실제로 여러분들은 스스로 개성세대라고 하고 있습니다. 여러분들은 개성시대, 개성세대라고 해서 자기 개성 표현에 관심이 많습니다. 그러나 나는 반대의 견해를 가지고 있습니다. 예를 들어 보지요. 여기 칠판에 "쌀 한 가마=구두 한 켤레"라고 썼어요.

쌀 한 가마는 구두 한 켤레와 값이 같다는 뜻이지요. 이 등식이 무어냐고 하면 상품의 자기표현 형식입니다. 상품은 팔기 위한 물건입니다. 그리고 그것이 팔 물건인 한 가치를 지녀야 합니다. 그래서 모든 상품은 가치표현 형식으로 존재하게 됩니다. 쌀이 상품이 아니라면 굳이 이러한 등식으로 표시할 필요가 없어요. 밥 지어 먹으면 되죠. 굳이 구두 한 켤레와 가치가 같다는 그런 형식으로 표현할 필요가 없어요.

상품이란 그런 것입니다. 쌀만 그런 것이 아니라 자본주의 사회의 모든 상품이 그렇습니다. 여기 이 강당에 상품 아닌 것이 한 가지라도 있나요? 없지요. 전부 상품이죠. 상품 문화가 어떤 것인가에 대하여 면밀한 검토가 필요해요. 이 등식에서 쌀을 구두로 표현하는 것이 무리이지 않나요? 쌀이 구두라는 등가 형태로 표현되는 한 쌀의 정체성은 소멸되고 없는 것이지요. 만약 쌀의 자리에 사람을 앉힌다면 어떻겠습니까? 여러분을 앉힌다면 어떻겠습니까? 여러분이 구두 한 켤레와 가치가 같다고 하면 기분이 좋을 리가 없지요. 그러면 열 켤레면 어떻겠습니까? 마찬가지지요. 여러분의 인간성이나 진정성 등 사람으로서의 성품이 구두로서 표현되지 않는 것입니다.

그러나 만약 여러분의 연봉이 1억이라고 한다면 어떻겠습니까? 별로 기분 나쁘지 않지요? 이것이 상품 사회의 화폐가치입니다. 사실은 구두와 화폐는 다 같이 등가물(等價物)입니다. 상품 사회에서는 모든 상품의 정체성이 소멸됩니다. 심지어 상품으로서의 사람도 예외가 아닙니다. 우리 아파트에 매우 근사한 변호사가 있었어요. 미남이기도 하고 키도 크고 매우 좋은 차로 아침

주차장을 멋있게 빠져나가는 모습을 자주 목격해요. 문제는 그 분의 부인이었어요. 그 부인은 그렇게 미인이 아니었어요. 스타일도 좋은 편이 아니고 패션도 그랬어요. 우리 아파트의 많은 아주머니들이 고민했어요. 그 멋있는 남편의 등가물로서의 아내가 격이 맞지 않는 데서 온 고민이지요. 그래서 생각해낸 것이 그 부인의 친정이 엄청난 부자인가보다라는 합리화였어요. 우리가 상품은 물론 사람을 보는 관점도 등가물을 통해서 인식하고 있는 것이지요.

어떤 아주머니는 자기 딸이 서울대학교의 굉장히 어려운 과에 합격했다는 사실을 기회가 있을 때마다 이야기하고 있어요. 그 이야기를 하는 이유가 바로 자신을 자기 딸이라는 등가물로서 제시하고 싶기 때문인 것이지요. 자신의 인간성, 진정성으로 살아가기보다는 자기의 등가물을 통해서 자신을 내세우는 것이에요. 그런 점에서 상품사회에서 물론 여러분과 같은 젊은이들뿐만 아니라 인간적 정체성은 소멸하고 있다고 해야 합니다. 오로지 일체 등가물인 화폐가치로 일원화하고 있는 것이 현실이지요.

내가 읽은 외국 시나리오 가운데 결혼에 관한 대사가 있어요. 한 여자가 결혼을 결심하게 되는 이유에 관한 대화였어요. "왜 당신은 그이와 결혼하기로 결심했는가?" 라는 질문에 대한 답변입니다. 나로서는 매우 충격적 감동을 받은 대사였어요. "그이와 함께 살아가면 내가 더 좋은 사람이 되리라는 확신을 가졌기 때문이다." 이것이 그녀의 결혼 이유입니다. 지극히 인간적인 이유가 아닐 수 없습니다. 능력 있고 편안하게 해주기 때문에 결혼한다는 세태와는 다른 인간적인 가치를 이 대사에서 읽을 수 있어요. 우리가 무엇을 다시 생각하고 성찰해야 할 것인가에 대하여 충격적인 질문을 던지는 것이 아닐 수 없습니다.

앞으로 여러분들이 대학 생활을 마치고 사회에 나아갈 때도 방금 우리가 이야기한 인간적 정체성이라는 고민뿐만 아니라 현실적으로도 굉장히 어려운 상황에서 오랫동안 힘들게 살아가야 될지 몰라요. 나한테 묻는 질문의 꽤 많은 부분이 내가 20년 감옥살이를 했으니까 어떻게 하면 역경을 견딜 수 있을지에 관한 것인 경우가 많아요.

"징역살이에서 가장 힘든 게 무엇입니까?" 라는 질문이 그렇습니다. 여러분들 생각에 무엇이 가장 힘들었을 것 같아요? 춥고 배고픈 것? 그거 아니에요. 가장 힘든 것은 여러분들도 겪었을 거예요. 여러분들도 자기 자신에게 짐 지워지는 물리적인 고통은 잘 참을 수 있습니다. 그것은 사실은 큰 고통이 아니에요. 무엇이 참으로 힘든 고통이냐 하면, 나 때문에 고통 받고 있는 사람들의 아픔이, 그게 나의 고통으로 다가온다는 사실이지요. 이건 어떻게 막을 도리가 없어요. 관계에서 오는 것이지요. 가장 큰 기쁨도, 가장 침통한 아픔도 나의 경험으로는 '관계'에서 오는 것이었어요.

역경을 이기는 힘도 관계에서 온다

끝으로 그림 하나만 더 보여 드리고 마무리 하려고 해요. 역시 역경을 견디는 방법에 관한 것입니다. 어느 날 젊은 신입자가 우리 감방에 들어왔습니다. 그런데 가진 게 아무 것도 없어요. 식기

두 개랑 숟가락 딱 하나 들고 왔어요. 저녁 취침시간에 보니까 러닝셔츠를 입지 않고 있었어요. 그냥 교도소에서 주는 수의만 입고 있어요. 그래서 옆에 있는 친구가 새 것은 아니지만 세탁한 러닝셔츠를 줬어요. 속에 이거라도 입으라고 줬지요. 그러니깐 "필요 없어요!" 하고 딱 잘라서 거절해요. 말도 길게 하지도 않고 쳐다보지도 않았어요. 이튿날 아침 기상을 한 뒤 세면 시간에 알게 되었는데 그 친구에겐 치약도 없었어요. 칫솔은 뭉개진 것 하나 갖고 있었어요. 그래서 또 옆에 있던 동료가 반쯤 남은 쓰던 치약을 주었지요. 또 딱 잘라서 "필요 없다니까요!" 하고 거절했어요. 그러고는 세탁비누로 양치질을 했어요. 분위기 썰렁하게 하는 것이었어요.

나는 이해하려고 했지요. 없이 사는 사람들은 그럴 수 있다. 다른 사람의 면전에서 더구나 쓰던 걸 받는다는 것이 충분히 기분 상할 수 있다고 생각했지요. 그래서 내가 치약을 구매했어요. 그래서 남들 안 볼 때 불러서 조용히 줬어요. 그 때에도 그이는 분명한 목소리로 딱 잘라서 필요 없다고 거절하는 것이었어요. 어쩔 도리가 없었지요. 아침 시간이 되면 세탁비누로 양치질하는 썰렁한 분위기를 어쩔 수 없었어요.

그런데 한 달 정도 지났을까, 그가 조용히 다가오더니

"신 선생님이 나한테 주려고 했던 그 치약 아직도 있어요?"

하고 물었어요. 깜짝 놀랐죠.

"너 치약 안 받는 놈 아니냐?"

"신 선생한테는 받아도 될 것 같아서요."

"왜 다른 사람한테는 안 되냐?"

"다른 사람한테는요, 잠자리 양보해야 하잖아요."

그의 대답은 어눌하고 띄엄띄엄했지만, 그는 분명하게 이야기하고 있었어요. 교도소에서는 흔히 '칼잠 잔다'고 하지요. 바로 누워서 잘 때는 '떡잠 잔다'고 하고. 잠자리가 복잡하여 옆으로 모로 누워서 자야 하는 경우를 칼잠 잔다고 해요. 그 좁은 칼잠 잠자리에서마저 옆 사람에게 떳떳하지 못한 채 살아간다는 것은 도저히 견딜 수가 없다는 거예요. 차라리 없이 살아도 떳떳하게 자겠다, 그런 뜻이에요. 그는 오랜 동안의 어려운 삶을 살아오면서 몸으로 그것을 깨닫고 있었어요. 오히려 내 쪽에서 그것을 감동적으로 깨닫게 되었어요.

우리가 어려움을 견디는데 약간의 물질적인 조건이 개선되는 것은 도움이 되어요. 그러나 그러한 물질적 조건보다는 '차라리 떳떳한 자부심을 가지고 사는 게 역경을 돌파하는 데 훨씬 더 큰 힘이 된다'는 걸 그 친구는 고생을 통해서 벌써 터득하고 있었어요. 그래서 "네가 맞다"고 했어요. 그 일로 해서 굉장히 친해졌어요. 치약 하나가 계기가 되어 참 많은 대화도 나누게 되고 참 많은 책을 읽히기도 했어요. 그가 출소할 때, 그는 이제 다시 들어오지 않을 것이라고 생각했어요.

그런데 그가 출소한 지 약 6개월쯤 지나서 소식이 들려와요. 안양에서 죽었다고. 죽었다는 것은 체포됐다는 거예요. 그랬구나. 안 그럴 것 같았는데. 매우 실망했어요. 그 뒤 우리는 다시 만나게 되었어요. 그가 안양교도소에서 단식 투쟁해서 내가 있는 대전교도소로 이송되어 왔어요. 그걸 반갑다고 할 수는 없지만 그런 인연을 다시 맺게 되었지요.

그 뒤 출소한 이후로는 지금까지 안 들어 왔어요. 물론 아주 어렵게 살고 있지요. 역경을 견디는 진정한 힘을 어디서 이끌어낼 것인가? 이것은 다만 여러분들만의 이야기는 아닙니다. 내가 소개한 그림은 한마디로 자부심입니다. 그리고 자신의 고독한 인내보다는 관계에서 이끌어내는 것입니다. 아픔도 기쁨도 관계에서 오는 것이지만, 지혜와 능력도 관계에서 오는 것이라고 믿습니다.

오늘 여러분들께 이런 저런 많은 이야기를 했습니다만, 사실은 선생들의 이야기보다는 여러분들끼리 친구들과 관계가 훨씬 더 중요합니다. 내가 1960년대 6·3사태 때 수배가 내려져서 한 달 동안 동해의 어느 작은 해변에서 피신할 적에 그 때 하루 종일 해변만 바라보고 있었는데, 그때 굉장히 중요한 걸 깨달았어요. 까만 몽돌자갈로 덮인 2, 3킬로미터 정도의 자갈 해변이 뻗어 있어요. 그곳에서 아름다운 자갈이 다듬어지는 과정을 확인하게 되었어요. 파도가 해안으로 '쏴' 밀려오면서 파도는 해변에 있는 모든 돌들을 들었다가 내려 놔요. 내려놓고는 빠져나가지요. 그걸 수천만 년 동안 계속해 왔던 것이지요. 돌멩이는 파도에 약간 들렸다가 내려오면서 자기들끼리 부딪히면서 깎이게 되지요. 그렇게, 그렇게 조금씩 아름답게 다듬어지는 것이었어요.

절차탁마(切磋琢磨)라고 합니까? 여러분들끼리 수많은 관계를 학창 시절에 만들어서 그것으로 여러분들을 다듬어 가시길 당부를 드립니다.

감사합니다.

환경은 21세기 반도체이다

최 열

환경재단 대표

여러분 만나게 되어 반갑습니다.

우선 유일한 선생께서 큰 뜻으로 세우신 학교에서 이렇게 강의하게 되어 개인적으로 큰 영광입니다. 김영호 학장님은 내가 진심으로 존경하는 학자입니다. 세계적인 석학이시고, 산업자원부 장관을 지내실 때 시민 사회단체가 적극적으로 활동할 수 있도록 많이 도와주셨습니다. 특히 내가 '에너지 시민연대'라는 조직을 만들 때 정부 예산을 적극 지원해 주셨는데, 그 힘으로 지금도 수백 개의 시민 단체가 활발하게 활동하고 있습니다.

여러분도 알다시피 에너지, 특히 화석연료를 많이 쓰면서 이상기후가 생기고 지구 온난화가 일어나고 있어요. 날로 심각해지는 그 문제를 해결하기 위해서 나 역시 많이 노력하고 있는데, 김영호 학장님께서도 관심을 가지고 많이 도와주고 계십니다.

여러분, 유한학원 이사장님이 누구시죠? 네, 문국현 이사장이
죠. 문국현 이사장은 저하고 아주 절친한 친구입니다. 국내는 물
론, 외국에도 둘이서 자주 다녀오곤 합니다. 중국과 몽골을 여행
하고 와서 환경에 관한 책을 같이 내기도 했습니다. 《지구 온난
화의 부메랑》이라는 책입니다. 점점 심각해지는 황사 문제를 지
구 온난화 관점에서 이야기한 책입니다. 수업 가운데 질문을 하
거나 적극 참여하는 학생에게 이 책을 주겠습니다. 강의도 재미
가 있어야 기억에도 오래 남죠.

지구촌에서 가장 중요한 과제

내가 환경 문제에 관심을 가진 것이 꼭 31년이 되었어요. 31년
이면 1세대가 되었잖아요. 1976년 9월에 안양교도소에 그 당시
Political Crime 곧 정치범이죠. 정치범으로 구속이 되어 수감되었
어요. 감옥에 있으니 드는 생각이 한평생 뭐해 먹고 살까? 그런
고민을 진지하게 되는 거예요. 내가 원래 화학을 공부했습니다.
그래서 전공을 살려서 우리 사회에 기여할 수 있는 것이 뭔가 그
런 고민을 하다가 환경을 택했어요. 그랬더니 내 주변에 있던 동
료들이 '야! 환경은 무슨, 공해라도 배불리 먹었으면 좋겠다'고
말했어요. 그때는 그만큼 가난했죠.

마음을 정하고 환경에 대한 공부를 하려니 책이 필요하잖아요.
그래서 공부할 책을 감옥에 넣어 달라니까 한국에는 환경 책이
없다는 거예요. 그래서 가장 먼저 일본 책 세 권이 들어왔어요.
내가 히라가나, '아이우에오'도 모르는데 어떻게 봅니까? 그래도

독학으로 일본의 환경 책을 쭉 읽었어요. 그렇게 250여 권 봤습니다.

그런데 독방에서 책만 보니깐 대화를 할 수가 없잖아요. 그래서 책을 본 날은 반드시 꿈을 꾸게 돼요. 꿈에서 현장에 가는 거예요. 일본 미나마타병 현장에 가서 그곳 주민들과 함께 항의하는 꿈도 꿨어요. 그리고 꿈에서 토론을 하는 거예요. 토론하다가 이길 때는 안 깨거든요? 그런데 토론에서 내가 밀리면 탁 깨요. 한편으로 드는 생각이 '정신분열 초기 증상이 아닐까' 걱정이 되기도 했어요. 그래서 스스로 말하기를, 내가 옥중에서 공부를 했지만, 옥중에 꿈으로 환경운동을 한 사람이라고 말해요. 그래서 사람들이 환경운동을 몇 년을 했느냐고 물으면 나는 옥중에서 한 시간까지 더했어요. 왜냐하면 실제 이상으로 꿈에서 환경운동을 했기 때문이지요.

지금은 그때와 많이 달라졌어요. 30여 년 지난 지금 누구도 환경 문제가 중요하지 않다고 이야기하는 사람은 없습니다. 실제로 환경이 중요하다는데, 그러면 환경 문제를 위해서 구체적으로 하고 있는 게 무엇이냐? 아주 구체적으로 하고 있는 학생 손 들어보세요. 구체적으로 실천하시는 학생? 없습니까? 재활용이요? 네, 무엇을 재활용해요? 음식물 재활용이요? 그건 너무 옛날이야기예요. 음식물은 쓰레기가 아니고 찌꺼기입니다. 내가 어렸을 때는 음식물을 먹고 나서 버릴 때 뜨물통에 모았어요. 뜨물통에 모으면 뜨물들을 모아서 그걸로 돼지를 키우고 그랬어요. 지금은 그런 게 없어졌지요.

옛날과 지금이 어느 정도 달라졌는지 생각해보세요. 여러분, 올해 한강이 얼었습니까, 안 얼었습니까? 이제는 한강이 안 얼어요. 내가 어렸을 때는 한강에 얼음이 꽝꽝 얼어서 한강 위를 막 걸어 다녔습니다. 얼어도 아주 두껍게 어니까 톱으로 잘라 모래 속 깊이 묻어두고 여름이 되면 꺼내 쓰곤 했어요. 그게 신석기시대에나 가능한 이야기인가요? 아니에요. 그만큼 꽝꽝 얼었습니다. 그러니까 불과 30~40년 사이에 기온이 굉장히 많이 올라간 거죠.

또 다른 예를 들어볼게요. 2007년 2월 21일 대구에서 국제보상운동 100주년 행사를 했어요. 나하고 김영호 학장님하고 문국현 이사장, 그리고 박원순 변호사 이렇게 넷이서 대구에 내려갔어요. 내려가서 토론을 하고 국채보상공원에 들렀는데 보니까 동백꽃이 활짝 핀 거예요. 이제 겨우 2월 21일인데. 대략 25년 전 3월 6일에 결혼을 하고 신혼여행은 전남 해남으로 갔어요. 해남이 우리나라에서 땅 끝 아닙니까? 가장 남쪽 땅 끝에 그때는 3월 6일에도 동백꽃이 안 폈어요. 동백꽃이 필 것 같더니 안 폈어요. 그리고 2007년 2월 28일에 환경재단 상근자 50명이 창녕 우포 습지로 현장 견학하러 갔어요. 그런데 그곳에서 호랑나비를 봤어요. 2월에. 그리고 나서 한 일주일 되니까 또 갑자기 추워져서 서울이 영하 8도까지 떨어졌어요. 한마디로 이상기후죠. 좋은 징조가 아니에요.

그런데 그건 단순히 내가 생활에서 보고 느낀 거고, 전 세계 석학들, 환경생태학자들, 지상학자들 한 2,500여 명이 모여 연구한 것을 2007년에 '기후변화 정부간 위원회'에서 발표했습니다. 발표한 이야기를 한마디로 정리하면, 이대로 가면 10년 안에 환경 대재앙이 온다는 거예요. 1차 발표 뒤, 곧 2007년 4월 7일에

2차 발표를 했습니다. 연구 결과로 나온 2차 발표는 2080년이 되면 지구상에 있는 생물종 가운데 20퍼센트에서 30퍼센트가 멸종의 위기에 처한다는 겁니다. 2007년 5월에는 우리가 어떻게 할 것인가에 대해 발표합니다.

지난주에 영국의 유명한 시사 주간지 《선데이 타임즈(Sunday Times)》에 100년 뒤의 지구의 지도가 나왔어요. 그 지도에서 우리나라 서해안은 많이 잠겨 있습니다. 그런데 여러분들 그게 실감이 안 나잖아요. 지금 잘 지내는데 좀더 더워지면 어떠냐, 이런 사람들 많이 있습니다. 20퍼센트 또는 30퍼센트의 생물종이 멸종이 된다고 하면 어떤 사람들은 '그러면 70~80퍼센트는 살아 있지 않느냐'고 말해요. 물론 살아 있죠. 하지만 정상적으로 살아 있을까요? 그것은 어쩌면 죽어있는 것보다 더 비참한 상태일지도 몰라요.

지금 여러분이 우유팩을 모은다고, 그걸로 지구가 살 것 같습니까? 절대 그렇지 않아요. 그래서 세계적으로 아주 유명한 미국의 환경단체 Sierra Club의 회장이 이런 얘기를 했어요. 죽어 있는 지구에서 비즈니스가 무슨 의미가 있느냐. 그렇잖아요. 지구가 죽어 가는데 돈을 많이 버는 게 무슨 의미가 있습니까?

한 예를 들어볼까요. 문국현 이사장과 나, 그리고 서울대 조동성 학장 이렇게 셋이서 지난 2007년 1월에 세계 각국의 석학들, 정치인들, CEO 이런 사람들 2,500명이 모인 SC그룹에 한국에서 23명이 갔습니다. 빌 게이츠도 오고, 영국의 세계적인 지도자도 왔어요. 거기에서 지금 우리가 살고 있는 지구촌에 가장 중요한 과제가 무엇인가에 대해 토론하는데, 먼저 실무자들이 준비한 과제들을 쫙 냈어요.

그랬더니 전 세계에서 모인 사람들이 다 항의했습니다. 가장 중요한 문제인 지구 온난화가 왜 없느냐, 이건 말이 안 된다, 다시 투표를 하자고 말이죠. 다시 해서 지구 온난화가 55퍼센트라는 압도적인 지지로 과제로 선정됐어요. 전 세계가 해결해야 할 문제들, 에이즈, 식량 문제, 빈곤 문제, 전쟁 등 수많은 과제들 가운데 지구 온난화가 압도적인 지지로 선결해야할 과제로 선정된 거예요.

서울대 조동성 교수가 토론의 사회를 하나 맡았는데 주제가 지구 온난화였대요. 거기 갔더니 전 세계에서 가장 영향력 있는 사람이 거기 다 와있더라는 겁니다. 빌 게이츠, 토니 블레어부터 각 나라 대통령이 다 나와 있는데, 한국 사람은 한 명도 안 왔다는 거예요. 한국에서 온 사람은 도대체 어디로 갔는지 봤더니 재테크, 어떻게 하면 돈을 더 모으는가, 이런 주제에 우리나라 CEO가 있다는 거예요. 여러분 재테크가 나쁘다는 게 아니라 더 근본적인 문제에 대해서 빌게이츠나 이런 사람들도 관심을 가지는데, 우리나라 사람들은 그 수준을 아직 못 따라잡고 있다는 거예요.

빠르게 변하는 지구

여러분들 가운데 지구 온난화 때문에 고민을 하고 지금 문제를 해결하기 위해서 어떻게 해야 될지 진지하게 고민을 하는 학생 있어요? 아마 없을 거예요. 학교 졸업하면 어떻게 할 것인가, 군대를 갈 것인가, 아니면 자기가 가고 싶은 좋은 직장 어느 곳을 갈 것인가, 공부를 더 해야 할 것인가, 그런 것에 대해서 훨씬 더 많은 고민을 할 겁니다. 그런 게 정상적이에요.

그런데 불행하게도 우리가 살고 있는 지구는 여러분이 생각하고 있는 것보다 훨씬 빠르게 변하고 있어요. 어느 정도 빨리 변하는지 예를 들어볼까요? 여러분 이게 뭐죠? 핸드폰이에요. 이렇게 하면 TV도 나오죠? 사진도 찍을 수도 있어요. 음악도 들을 수 있어요. 이메일도 보내요. 동영상도 보고 녹음도 되죠. 얼마나 편합니까? 그런데 20년 전에 이 정도 기술이 발전하리라 생각했습니까? 학생들 가운데 초등학교, 중학교 때 호출기, 삐삐를 한 번이라도 가져본 학생 손들어 보세요. 네, 그때 호출기가 가장 많았어요. 그런데 세월이 흘러가니 시티폰이라는 게 생겼어요. 시티폰은 전화를 걸 수만 있잖아요. 그래서 경쟁력이 없어서 곧 없어졌어요. 호출기도 없어졌어요. 곧 핸드폰이 생겼습니다.

내가 1990년에 미국에 갔는데, 미국에 있는 친구가 나보고 바쁘니까 핸드폰 하나를 쓰라고 하면서 그 친구가 하나 사줬어요. 1,200달러를 주고 사서 들어왔는데 김포공항 세관에서 세금을 15만 원이나 내래요. 그때는 크기도 이것보다 5배는 컸습니다. 그런데도 전화를 걸고 받는 기능밖에 없었어요. 그런데 세월이 15년 흘러 이렇게 발전했어요. 1990년에 우리나라 휴대폰이 수출했습니까? 하나도 수출을 못 했어요. 하지만 겨우 15년 사이에 세계에서 가장 좋은 핸드폰을 만들게 된 겁니다.

작년에 삼성에서 핸드폰 몇 대를 생산했는지 아세요? 1억 2천만 대를 생산했습니다. 1억 2천만 대 가운데 8천만 대를 국내에 판매하고 나머지는 외국에 수출을 했어요. 1억 2천만 대를 생산하는데 직원이 총 몇 명 정도 필요할까요? 6천 명이에요. 그럼 6천 명 가운데 상품을 연구 개발을 하는 사람이 몇 명인 줄 아세요? 6천 명 가운데 3천 5백 명이에요. 연구 개발하는 사람이 전체 직원에 반 이상이에요. 삼성전자에 박사학위 받는 사람이 3천 명을 돌파했습니다. 한 회사가 그만큼 달라지는 거예요.

다음으로 카메라 이야기를 해볼까요? 여러분 카메라에 필름 들어가는 카메라로 찍는 사람 손들어 보세요. 요즘은 많지 않죠. 10년 전에 디지털카메라가 처음 나왔을 때 그게 그렇게 빠른 속도로 확산될 것이라고 생각을 못했습니다. 처음 나왔을 때는 찍으면 셔터를 누르고 한참 있다가 찰칵 거렸어요. 가격도 비쌌고요. 디지털카메라가 나오고 일본 카메라 시장이 완전 달라졌어요. 일본에서 카메라 제일 좋은 게 니콘이었어요. 그런데 니콘이 아날로그 필름카메라라는, 그 많은 필름카메라를 다섯 가지 빼고, 모두 단종시켰습니다. 지금은 디지털 아닙니까? 디지털. 지금 제일 많이 팔리는 게 캐논이 됐어요. 디지털카메라 시장에서 캐논이 25퍼센트이고 그 다음에 소니, 올림푸스, 그 다음에 니콘이 10퍼센트, 그 다음이 우리나라 삼성. 이렇게 확 달라지는 거예요.

여러분, 컴퓨터는 어때요? 컴퓨터는 어떻게 만들어지게 됐을까요? 미사일로 전쟁을 하잖아요? 전쟁을 하면 적을 맞추는 포를 쏴요. 그런데 정확하게 안 맞아요. 기계의 오차도 있고 바람도 불고 안 맞으면 다시 장전해서 다시 쏴야 해요. 그래서 그 계산을 빨리 하기 위해서 무기를 개발한 겁니다. 그런데 전쟁이 끝나고 1946년에 미국에 여러분이 잘 아는 IBM에서 컴퓨터를 개발을 한 거예요. 그런데 처음 개발했을 때 컴퓨터 크기가 어느 정도인

줄 아세요? 40톤이었어요, 40톤. 이 강의실만한 공간이 컴퓨터 한 대로 꽉 찼어요. 그게 최초의 컴퓨터였어요. 1946년부터 60년이 흘러가지고 지금은 1킬로그램짜리 노트북에 그 용량의 수십만 배가 되도록 만든 거예요.

세상은 우리가 생각하는 것 이상으로 발전하고 있어요. 환경도 마찬가지 입니다. 30년 전에는 환경에 대한 책이 한 권도 없었어요. 우리나라에 있는 거라곤 문제집밖에 없었어요. 그런데 지금은 환경에 대한 책이 수백 권이 나와 있습니다. 내가 쓴 책만 해도 9권 있습니다. 그만큼 세상이 달라진다는 거예요. 환경에 대한 생각의 속도가 너무나 차이가 나는 거예요.

어린이들의 '진강이', 어른들의 '생태찌개'

여러분이 여러분 동생들보다도 환경에 대해 더 잘 압니까? 그렇지 않아요. 지금 어린이들이 여러분보다 훨씬 환경, 생태계에 대한 공부를 더 많이 알고 있습니다. 한 예를 들어볼까요? 방학 동안에 서울에 있는 초등학교 4학년 어린이들 가운데서 한 학교에서 2명씩 선발해서 모두 100명이 모아서 내가 특강을 해요. 특강 시작 전에 어린이들한테 질문을 합니다. "여러분 몇 년 살았어요?"라고 물어요. 4학년이면 10년 살았죠? 여러분은 20살이니까 그 어린이들보다 2배는 더 살았어요. 그래서 "여러분 10년 살면서 가장 기억에 남는 일이 있는 어린이는 손들어 보세요", 그러면 100명이 다 손들어요. 그럼 내가 그래요. "한마디씩만 해보세요." 그럼 어린이들은 나와서 딱 한 마디씩만 하고 들어가요.

　그런데 그 어린이들이 한마디씩 한 내용에 70퍼센트 이상이 환경에 대한 얘기입니다. 내 강의가 환경에 대한 것이지만, 강의하기 전에 질문했는데도 환경이야기가 70퍼센트 이상이에요.

　그 가운데 이런 얘기를 한 어린이도 있어요. 4학년 남학생이 부모님하고 같이 산소를 갔대요. 여름에 산소를 가다가 깊은 계곡에 들어갔는데, 갑자기 뭐가 코에 딱 붙더래요. 깜짝 놀라 코에 있는 걸 딱 떼었더니 개구리더래요. 그러면서 "아, 아직 생태계가 살아있구나. 그렇게 확인했습니다." 이러는 거예요. 그래서 내가 "그거 너 만화책 보고 그러는 거 아니냐?" 하니까 아니라는 거예요. 어린이들이 개구리를 보고 생태계가 살아있다는 생각을 합니다. 우리가 대학교 다닐 때는 생태, 생태계라는 말을 쓰지 않았어요.

　그럼 어른들은 어떠한가. 어른들 예를 들어볼까요? 내가 만든 '환경운동연합'이라고 있습니다. 전국에 지부가 51개가 있어요. 그 가운데 서산환경운동연합이라는 데가 있어요. 서산환경운동연합 거기에 대표가 변호사입니다. 서산에 안면도라는 섬이 있잖아요. 소나무가 있는 멋있는 섬이 하나 있어요. 그 섬 입구에다 조그만 집을 하나 마련해서 생태프로그램을 운영하는 공간으로 만들었어요. 그리고 그 집 앞에다 '생태마을'이라고 푯말을 하나 붙였습니다.

　서울 사람들이 주말에 서해안 고속도로를 타고 굉장히 많이 거기로 오는 거예요. 하루는 서울 사람들 몇 명이 자기한테 와서 "여기 생태찌개 잘하는 데가 어딥니까?" 그래서 "잘 모르겠습니다" 그랬더니 조금 있다 또 오더니 여기 생태찌개 잘하는 데가 어디냐고 다시 묻더라는 거예요. "나는 변호사인데 왜 자꾸 나한테 생태찌개를 묻느냐?" 했더니 "아니 여기 지금 생태마을이라고 써 있지 않습니까? 생태찌개를 잘 끓이는 마을 아닙니까?" 하더라는 거예요. 어린이들은 개구리를 보고 생태계가 살아있구나, 하는데 어른들은 생태마을을 생태찌개 잘 끓이는 마을로 생각하고 있는 거예요.

나는 초등학교 4학년들한테 강의를 하는 것과 똑같은 내용을 유한킴벌리에서 운영하는 여고생들을 위한 캠프에서도 합니다. 캠프에서 고등학생들한테도 똑같은 질문을 했어요. 질문해서 정답을 맞히면 내가 책을 주거든요. 《최열 아저씨의 우리 환경 이야기》를 주는데, 어린이한테는 책을 한 30권 나눠줬어요. 그런데 고등학교 여학생들은 10권도 안 나눠줬어요. 똑같은 질문인데 모르는 거예요. 우리나라 교육 제도가 입시 중심이기 때문에 교육에 생태계, 자연 캠프 이런 게 없습니다.

오히려 어린이들은 그런 데를 많이 갑니다. 예를 들어서 강원도 산골 고성에서 걸어서 서울 청와대까지 걸어가는 프로그램이 있어요. 10일 동안, 또 섬진강 최상류에서부터 광양, 최하류 갯벌까지 어린이들이 걸어가는 겁니다. 그 어린이들은 태어나서 처음 그런 체험을 하는 거예요. 날도 더운 여름날에 그렇게 걸으면, 첫날에 쓴 글을 보면 '다리가 부러진다', '몸이 아파 죽겠다' 그래요. 그런데 그 어린이들이 2~3일 정도 걸으면 잘 걸어요. 그래서 한 일주일 걸으면 진짜 잘 걷습니다. 선생님들은 힘든데 어린이들은 잘 걸어요. 프로그램의 마지막에 여기가 섬진강이니, 섬진강에 대해서 쓰라고 그래요. 그러면 그 어린이들이 어떻게 쓰는

지 아세요? "진강이에게" 성이 '섬'이에요.

　"진강이에게

　진강아, 널 처음 만났을 때는 넌 나보다 더 작았어. 그런데 넌 나보다 빨리 커져. 니 옆에 세워져 있는 보도블록까지 딱딱한 보도블록이 아니고 푹신푹신한 흙이야. 흙에 나무도 있어, 풀도 있어, 넌 오염물질도 걸러, 그래서 넌 물고기도 살려, 진강아 너하고 일주일 동안 같이 있으면서 많은 걸 배웠어. 진강아 내년에 할아버지하고 같이 올게. 안녕"

　이렇게 썼더라고요. 어린이가 달라진 거예요. 방학 동안에 그냥 영어, 수학 이런 거 계속하는 어린이들은 그런 생태적인 관념이 없는데, 거길 직접 갔다 온 어린이는 완전히 달라집니다. 세상을 보는 게 완전히 달라져요. 일주일이 그 사람의 삶을 바꿔 놓은 겁니다.

　여러분은 대학생 아닙니까? 대학생의 대학 시절 2년 4년하고, 나이가 70세 되었을 때 2년이나 4년하고 차이가 납니까, 안 납니까? 나이가 일흔 살 되어서 2년이나 4년은 변화가 없어요. 나무가 처음엔 잘 크는데 계속은 안 크잖아요. 일정하게 크면 나무가 잘 안 자라듯이 여러분들 나이인 20대는 막 자라는 시기예요. 여러분들의 2년, 3년, 5년은 50대, 60대의 2년, 3년, 5년하고 완전히 다른 거예요.

　그럼 20대 10년은 여러분들 어떻게 해야 됩니까? 보통 때보다 더 적극적으로 살아야 돼요. 적극적으로 사는 데 가장 중요한 게 뭐냐, 나는 그냥 공부만 해야 한다고 생각하지 않습니다. 20대에 제일 중요한 것은 새로운 체험을 많이 하는 것입니다. 여러분들

매일 집에서 학교, 왔다 갔다만 하면 안 된다고 봐요. 새로운 체험을 해야 됩니다.

한 예를 들어볼게요. 난 자식이 딸 한 명밖에 없습니다. 딸이 대학교 3학년 때, 갑자기 배타고 세계 일주를 하고 싶다는 거예요. 그럼 한 학기 휴학해야 하는 거 아닙니까? "원한다면 한번 해봐라." 그랬더니 일본에서 배를 타고 일본에 있는 대학생하고 105일간 세계 일주를 하고 왔어요.

그래서 내가 "너 가장 좋았던 데가 어디냐?"하고 물으니까 이스트 섬이라는 거예요. 여러분들 이스트 섬 많이 들어봤죠? 이스트 섬은 배 아니면 갈 수가 없는 곳입니다. 거기가 가장 좋았다는 거예요. "그 다음에 좋았던 데가 어디냐?"하고 물으니까 아프리카 바닷가에 있는 나미비아라고 하는 사막이 그렇게 좋았대요. 사막은 완전히 모든 생명체가 없는 곳인데, 그 사막이 가장 좋았다는 거예요. 그 다음에 세 번째가 어디 좋았냐고 하니까 희망봉, 케이프타운, 그 밖에 이집트의 룩소와 피라미드, 그 다음에 그리스 판데모니움, 다녀온 곳 얘기를 하면서 이런 저런 말을 쭉 해요. 나는 기분이 참 좋았습니다. 딸의 새로운 체험이 기특해서 눈물이 났어요.

여기저기를 다 다녀봤으니 어디서 살고 싶냐, 어느 도시에서 살고 싶냐고 물었더니 딸은 가만히 생각하고서, 그래도 서울 살고 싶다는 거예요. 그래서 내가 왜 서울에 살고 싶냐고 물었더니 젊은 여성이 밤에 마음 놓고 다닐 수 있는 도시가 그렇게 많지 않다는 거예요. 외국 밤거리를 여학생들이 마음대로 다닐 수 있을까요? 그런 곳은 거의 없어요. 그나마 다닐 수 있는 데가 유럽인데, 유럽은 밤에 갈 데가 없어요. 일찍 가게들이 문을 닫기 때문에. 서울은 홍익대 앞이며 동대문이며 새벽 2시, 3시에라도 친구들하고 가서 물건 봐도 되고 마음 편하게 놀 수 있다는 거예요. 그래서 서울에 살고 싶은데, 딱 한 가지가 좋아졌으면 좋겠다는 거예요.

그게 뭐냐니까 공기만 좀 좋아지면 진짜 서울은 살 만하다는 거예요. 가만히 생각해 보니까, 정말 그래요. 서울 공기가 얼마나 나쁩니까. 일본 도쿄보다도 서울이 분진, 미세 먼지가 2배예요. 유럽에 견주어서는 3배예요. 그래서 결국 환경이구나 싶었어요.

21세기에 확실하게 일어날 일

여러분에게 아까 말했듯이 여러분은 20세기에 태어났잖아요. 그런데 여러분은 21세기에 살고 22세기까지 살 사람들이에요. 여러분들은 내가 보기에는 특별하게 지구적인 재앙이나 특별한 사고만 없으면 평균 수명이 150년 갑니다. 여러분은 150년 살아요. 그러면 여러분은 20세기, 21세기, 22세기, 3세기를 걸쳐서 살 수 있는 사람들이에요. 그럼 여러분이 25살에 결혼하잖아요? 그럼 결혼해서 어떻게 삽니까? 100년을 살아야 돼요. 얼마나 지루하겠어요. 한 부부가 100년 이상을, 지금도 우리나라 젊은 사람들은 2쌍 가운데 1쌍은 이혼을 하거든요. 100년을 살아야 되니까 결혼 관습이 바뀔 겁니다. 결혼은 한 번 하는 게 아니에요. 앞으로 한 번 보세요. 거짓말인가. 완전히 바뀝니다.

또 21세기 확실하게 일어나는 게 뭐가 있는가. 세계적인 미래학자들이 모여서 21세기에 확실하게 일어날 일에 대해 논의했어요. 먼저 핵 회로가 있습니다. 2001년 9월 11일, 무슨 일이 있었죠? 9.11테러가 있었죠? 내가 그날 제주도에 있었습니다. 제주도 한 대학교에서 강연하고 밤에 TV를 켰는데 CNN이 나오는 거예요. 화면을 보는데 비행기 2대가 쌍둥이 빌딩을 바로 가서 때렸어요. 그래서 수천 명의 생명을 잃었지요.

그런데 문국현 이사장하고 나하고 행사가 있어서 보름 전에 그 쌍둥이 빌딩에 갔었어요. 그때 '아, 21세기는 이렇게 시대가 가는구나'라는 것을 느꼈어요. 그러고 나서 어떻게 됐습니까? 전쟁 났잖아요. 지금도 전쟁하고 있지요. 한번 생각해 보세요. 만약에 핵 테러가 일어나면 9.11테러보다 충격이 크겠어요, 적겠어요? 비교가 안 되죠. 뉴욕에, 도쿄에, 런던에 핵 테러를 한 번 했다, 서울에 핵 테러를 한 번 했다고 하면 어떻게 되는 거죠? 전세계 주식이 다 떨어집니다. 그러니까 21세기에 확실하게 일어날 수 있는 일인데도 우리는 그렇게 생각하고 있지 않아요. 또 확실히 21세기에 일어나는 게 뭔지 아세요? 복제인간. 복제인간이 21세기에 확실히 일어납니다.

어떻게 보면 우리는 상상할 수 없을 정도로 지금 잘 살고 있어요. 여러분이 어렵다, 어렵다 해도 지구상에서 우리 인간이 지금처럼 잘산 적 없습니다. 이만큼 잘사는 것을 계속 지속해야 잘사는 건데, 이제 지속하기 힘든 상태가 돼버린 거예요.

그 예를 한번 들어볼게요. 12년 전 1995년 여름이 얼마나 더웠는지 기억나세요? 굉장히 더웠습니다. 서울이 35도를 넘어 41도까지 됐어요. 그래서 많은 사람들이 못 견뎌했지요. 선풍기 한 대가 30만 원까지도 했습니다. 그러고 나서 우리가 해마다 서울에 7, 8월에 죽는 사람 수를 조사했어요. 그랬더니 1995년에 평년보다 993명이 더 죽었어요. 2003년에 유럽이 갑자기 더워진 적이 있었어요. 유럽의 젊은 사람들이 여름에 한 달간 휴가를 갔다 오니까 부모님이 없어진 거예요. 부모님이 더위에 돌아가신 거예요. 몇 명이 죽었냐. 1만 5천 명이 죽었습니다. 프랑스 사람이 한꺼번에 1만 5천 명이 죽으니까 관이 부족해서, 결국 이탈리아에서 알루미늄 관을 사서 냉동실에 집어넣었어요. 그게 2003년입니다.

그리고 2002년에 노알에스에서 환경회담이 있었어요. 회담에 참석하고 인천공항에 도착한 날이 8월 31일인데, 비가 오더라고요. 저녁 9시에 뉴스를 틀었더니 강릉에 하루에 855밀리미터의 비가 왔습니다. 강릉이 없어져 버렸어요. 서울에 855밀리미터 비가 오면 어떻게 될까? 서울에 하루에 855밀리미터가 확실히 안 온다고 생각하는 사람 손 들어 보세요. 서울에는 절대 855밀리미터 비가 안 온다. 강릉이면 오는데 서울에는 안 온다? 서울에도 그렇게 큰 비가 올 수 있어요. 그렇죠? 800밀리미터의 비가 오면 한강이 넘칠까요, 안 넘칠까요? 넘칩니다. 그냥 넘치는 게 아닙니다. 완전히 넘칩니다. 아스팔트로 되어 있으니 비가 빠질 데가 없죠. 지하철 1호선부터 8호선까지 완전히 물에 잠깁니다. 그럼 여러분 학교도 못 가요. 전기가 들어옵니까? 가스가 나옵니까? 핸드폰이 터집니까? 우리는 그런 일이 절대 안 일어날 거라 생각하고 있어요.

2004년 12월에 동남아시아에서 쓰나미가 났죠. 그래서 수십만 명이 생명을 잃었어요. 그 사람들이 자기가 생명을 잃을 거라 생각했겠습니까? 유럽에서 요양 온 그 많은 사람들하며, 우리나라에서 신혼여행을 간 사람들까지 다 죽었잖아요. 그 다음 2005년 여름에 미국 플로리다 뉴올리언스가 완전히 물에 잠겼습니다. 세계 최강국 도시 가운데 하나가 물에 잠겼어요. 그 피해액을 보험 처리해서 보험금으로 나간 게 미국 돈으로 400억 달러입니다. 우리 돈으로 40조지요. 우리나라 총 예산이 850조거든요? 거기에 보험회사가 5퍼센트 돈을 내면 보험회사가 망합니까, 안 망합니까? 이게 상상이 됩니까?

그 뒤 미국 뉴올리언스가 물을 뺐어요. 그런데 앞으로 그럼 바닷물이 들어오니까 막아야 하느냐, 안 막아야 하느냐 하는 게 새로운 고민이 됐어요. 옛날에 물이 들어온 것이 그냥 단순히 태풍이 불어 바닷물을 때리는 수준이었다면 지금은 훨씬 더 큰 강도로 물이 점프를 해서 때리는 겁니다. 그러니까 둑으로 막아도 안 되지요. 이런 상태가 되었어요.

여러분은 21세기 또는 22세기까지 살아야 하는데, 10년 안에 환경대재앙이 온다고 전 세계학자들이 경고를 하고 있습니다. 2080년이 되면 지구촌에 살고 있는 생물의 20~30퍼센트가 멸종을 할 것이라고 경고 하고 있는데도 변화하려고 노력을 하지 않아요. 그럼 어떻게 막아내겠습니까. 그래서 먼저 노력을 하고 있는 것이 환경운동가들입니다. 환경운동가들인 우리가 계속 그런 이야기를 했는데도 말 안 듣잖아요. 말은 안 듣는데 불행하게도 사태는 우리가 얘기한 대로 나쁘게 진행되고 있거든요. 이제는 결과가 눈에 보이니까 그 문제에 대해서 가장 먼저 대책을 세우는 데가 선진국들입니다. 사실 그 선진국들이 지금 지구촌의 환경을 만든 장본인들이에요.

200여 년 전에 산업혁명을 일으켜서 대량생산 시스템을 만들어 대량 소비를 하게하고 더 많이 만들고, 그러다 자기들 나라에서 문제가 되는 공해사업을 다른 나라에서 하도록 했죠. 그러면 자기들의 문제가 해결될 줄 알았는데, 이제는 그게 지구적인 차원이 돼서 환경 용량을 초과하게 된 거예요. 그래서 어쩔 수 없이 대책을 찾고 있어요. 자기네들이 에너지를 가장 많이 쓴 나라 아닙니까? 에너지를 많이들 써서 CO_2가 많이 나온 것 아닙니까.

석탄, 석유, 가스는 다 탄소들입니다. 탄소덩어리. 쉽게 말씀드리면 지구가 46억 년 전 행성이 됐잖아요. 형성되고 그때는 산소가 없었습니다. 그런데 지구에 생명체가 있고, 풀이 자라고, 나무가 자라고, 나무가 자라면서 탄소를 뽑아내고 산소를 계속 내뱉고, 그 탄소 덩어리가 지각 변동해서 땅 속으로 들어간 거예요. 그러니까 탄소가 많은 시절에 그 많은 생명체가 땅 속으로 들어가서 탄소통조림이 된 거예요. 아프리카하고 남아메리카하고 붙어 있었거든요? 그런데 지각 변동을 통해서 딱 떨어져 나간 거예요.

그것들이 다 탄소통조림이 돼서 산소가 많아졌는데, 우리 인간이 만 년 전부터 불을 사용하면서 상황이 조금씩 달라졌어요. 불을 조금씩 사용해서 탄소통조림을 조금씩 까먹었는데, 이것이 산업혁명이 일어나서 석탄을 많이 쓰고, 20세기에 석유를 대량 소비하면서 탄소통조림을 한꺼번에 많이 까먹은 거예요. 그래서 다시 CO_2가 늘어난 겁니다. 새로운 에너지가 일정만큼 왔다가 다시 나가야 하는데, 다시 못나가게 된 거예요. 비닐하우스 같이 열기가 안에 갇힌 거예요.

그래서 지난 100년 동안에 지구 온도가 0.6도나 상승했습니다. 20세기의 단 몇 년 동안 그렇게 기온이 올랐어요. 그동안 우리나라는 1.5도가 상승했어요. 서울은 3도가 올라갔어요. 지구 전체보다도 서울은 다섯 배가 올라갔어요. 그래서 서울이 진달래나 개나리가 딴 데보다 훨씬 빨리 피어요. 그런데 더 중요한 것은 20세기는 0.6도 올라갔는데 21세기 100년 동안에는 대략 2.5도에서 한 5도까지 올라간다는 거예요.

지구의 온도가 올라간다는 것은 결국 북극과 남극 바다에 있는 얼음이 다 녹는다는 겁니다. 그런데 얼음에 태양빛이 비추면 반사를 합니다. 80퍼센트가 다시 반사되는데 바닷물은 햇빛이 들어오면 전부 흡수를 하는 거죠. 그러니깐 얼음이 적어지면 적어질수록 바닷물이 데워지는 거죠. 얼음이 녹으면 소금의 농도는 묽어져요. 그런데 바닷물의 표면만 데워지는 게 아니고 바다 3천 미터 밑까지 데워진 거예요. 데워지니까 물이 더 팽창해요. 남태평양에 뉴질랜드 바로 곁에 투발드라는 조그만 나라가 있습니다. 조그만 나라가 물에 잠길 위기에 처해 그곳 사람들이 전부 뉴질랜드로 이민을 갔어요. 그래서 나하고 이 앞에 계신 문국현 이사장하고 물에 잠긴 나라를 직접 한번 가보려고 해요. 들은 바로는 활주로 하고 공항 빼고 다 물에 잠겼다고 해요. 나라가 없어지는 겁니다.

지구가 이렇게 심각하게 오염이 되고 온난화하고 또 화학물질을 많이 써서 환경호르몬이 나오고, 그리고 식품에 유전자 조작을 하는 이런 상태에서 우리가 할 수 있는 것은 관심을 가지고 국제표준을 만드는 거예요. 국제표준으로 만든 것 가운데 하나가 여러분이 잘 아는 교토의정서. 그래서 나라별로 할당을 주는 겁니다. 에너지 할당을 주어서 CO_2할당을 줍니다. 그래서 CO_2를 자기 나라에 할당받은 것보다 더 많이 쓰게 되면 그만큼 아껴 쓴 데에서 사와야 하는 거예요. 그런데 우리나라는 어떻게 되느냐. 우리나라는 2013년부터 할당 받을 거예요. 나머지 선진국들은 2008년부터 36개국에 할당을 합니다. 할당량을 못 채우면 어떻게 될까요? 못 채우면 결국은 우리나라 상품이 수출이 안 되는 거예요. 그게 여러분이 잘 아는 그린라운드입니다. 앞으로 여러분이 활동할 시기에 그런 것이 나오는데, 지금부터 더 적극적으로 관심을 가져야 합니다.

지금도 중요한데 앞으로도 중요한 것

여러분은 앞으로 크게 4개 가운데 하나를 선택해야 해요. 여러분들이 앞으로 100년을 더 살아야 하는데, 지금 당장 중요한 것은 각자 지금 하고 있는 일, 공부 등일 겁니다. 하지만 앞으로 100년 동안 지속적으로 중요한 게 있어요. 지금도 중요한데 앞으로도 중요한 것, 그게 A입니다. 그 다음에 지금은 굉장히 중요한데 시간이 갈수록 중요하지 않는 것, 그게 B에요.

아까 카메라, 아날로그 카메라가 없어지고 디지털 카메라가 나오니까 아날로그 기술을 가지고 있는 사람들은 필요가 없는 것 아닙니까? 그리고 지금은 중요한데 앞으로 갈수록 중요하지 않는 것, 그 다음에 지금은 중요하지 않은데 천천히 갈수록 중요해 지는 것, 그게 C입니다. 그 다음에 지금도 중요하지 않은데 앞으로 가도 중요하지 않은 것, 그게 D예요. 지금 여러분이 생각해야 할 게 뭡니까? 지금 중요한데 앞으로도 중요한 걸 택하든지 아니면 지금은 중요하지 않지만 앞으로 중요한 걸 택해야 합니다. 그 두 개를 택하지 않고, 지금은 중요한데, 10년 뒤에는 중요하지 않는 걸 택하면 여러분은 30년 뒤에 또 새로운 걸 찾아야 해요.

올바른 선택을 하려면 어떻게 해야 하느냐, 새로운 체험을 많이 해봐야 해요. 그 다음에 문화적인 감수성, 그리고 우리랑 생각을 달리하는 다른 나라의 젊은이를 많이 만나야 해요. 그래서 나는 여러분이 나이만큼 친구를 가져야 한다고 생각해요. 외국인 친구도 만나야 해요. 여러분이 20살이면 20명의 친구를 가져야 합니다. 30살이면 30명의 친구를 가지도록 노력을 해야 해요. 그래서 여러분의 친구들 가운데 일본에 있는 친구도 있고, 미국에 있는 친구도 있고, 이라크에 친구도 있어야지 그 나라의 문제에 대해서 문화에 대해서 관심을 가지고 더 적극적으로 활동하고 상상력이 넓어지게 됩니다. 외국에는 친구 한 명도 없고 우리나라에 400명이 있다, 그게 옳을까요? 이미 그렇게 살 수 없는 세상이 왔어요. 울타리가 우리나라 울타리가 아니고, 지구 전체의 울타리가 된 시대에 살고 있습니다.

내가 처음 환경운동을 시작한 30년 전만 해도 공해라도 배불리 먹고 싶다고 이야기했지만, 더 이상 그렇지 않습니다. 이제는 환경이 반도체입니다. 환경을 위해 노력해서 가장 잘된 대표적인 기업이 우리나라에서는 유한킴벌리입니다. 24년 전에 '우리강산 푸르게 푸르게'라는 구호를 걸고, 생산 공장에서부터 폐기하는 과정까지 오염물질을 줄이고 재활용하면서 꾸준히 나무를 심는 사업을 통해 국민들의 긍정적인 인식을 이끌어냈습니다. 그래서 2005년에 《동아일보》에서 우리나라에서 가장 가고 싶은 직장 1위가 유한킴벌리였습니다. 유한킴벌리는 다른 기업들이 미처 생각하지 못하는 것을 먼저 실천했기 때문에 이런 결과를 얻었습니다.

또 세계에서 환경에 대해 가장 적극적으로 대응하는 기업 가운데 하나가 도요타예요. 기술개발을 해서 자동차의 배기가스를 이제는 처음의 10퍼센트밖에 안 나오게 했어요. 나아가 앞으로 더 노력해서 제로를 만들겠다는 거예요. 도요타의 회장이 새로운 자동차를 만들어보자고 제안하자, 직원이 연비를 50퍼센트로 줄여보겠다고 하니까 회장은 오히려 연비를 200퍼센트 늘리라고 지시했고, 그래서 만들어진 것이 여러분이 잘 아는 하이브리드카입니다. 하이브리드카가 뭐예요? 가솔린으로 가다가, 가는 그 힘을 이용한 충전기를 달아서 충전을 시키는 거예요. 그래서 충전기로 가는 거예요. 그래서 가솔린 1리터에 35킬로미터 갈 수 있는 차를 만드는 거지요. 그래서 세계에서 가장 많이 팔리면서 환경에도 모범적인 자동차를 만들었어요. 이것 역시 환경에 대한 생각이 달랐기 때문입니다.

옛날에는 환경이 밥 먹여 주냐, 환경이 경제 성장에 발목을 잡는다, 이런 이야기를 많이 했지만 요즘에는 반대가 됐어요. 청계천을 복원하니까 주변에 상권이 살아나고 집값도 오르고, 서울숲도 조성하니까 그 주변에 아파트가 가격이 오르게 되었어요. 이제는 우리 국민들이 환경을 굉장히 중요하게 생각하는 의식을 갖게 된 것입니다.

마지막으로 내가 말하고 싶은 것은, 여러분들이 20대 10년 동안 앞으로 100년 동안 무엇을 할 것인가에 대한 고민을 진지하게 해야 한다는 것입니다. 여러분이 계속 일을 하고 발전하고 뻗어 나갈 수 있는 그러한 태반을 잡아야 한다는 것입니다. 그런 태반을 잡지 않고 지금은 중요한데 10년 뒤에 중요하지 않는 태반을 잡으면 여러분의 나머지 100년은 너무도 고통스러운 시간이 된다는 것을 말하고 싶습니다.

또 하나는, 여러분의 아버지 세대는 너무 못살았기 때문에 자원봉사를 할 여유가 없었어요. 내 것만 하면 됐어요. 하지만 지금은 주 5일만 근무하고 훨씬 더 풍요로워졌기 때문에 어느 정도 여유가 생겼어요. 이제는 환경 문제든 장애인 문제든 여러 부분에 여러분이 시간을 들여 관심을 가지고 자원 활동을 해보는 게 필요하다고 봅니다. 우리 환경재단에서도 환경영화제를 엽니다. 돈도 안 받고 자원 봉사하는데 신청자가 많아서 시작 전에 면접까지 해요.

그리고 환경재단 사업 가운데 '피스앤그린보트'라고 배를 타고 아시아를 도는 프로그램이 있습니다. 그건 아까 말한 우리 딸의 이야기를 듣고 만들었어요. 일본 사람 300명, 한국 사람이 300명 총 600명이 배를 타고 아시아를 돌며 토론하고 문화 행사도 합니다. 그 배에는 대학생들이 많이 탑니다. 여러분들도 기회가 되면 배를 타고 일본에 있는 학생들하고 토론도 하고 관심을 가지고 교류를 하는 그런 시간을 가졌으면 합니다. 그런 식으로 대학생활, 또 여러분의 20대를 훨씬 더 창의적으로 보내고 새로운 21세기 비전에 맞는 이야기를 채워나간다면 여러분들은 앞으로 백 년을 아주 훌륭하게 보낼 수 있지 않겠나 생각해 봅니다. 고맙습니다.

신세대 흥부

김영호

유한대학 학장

각 시대를 주도한 인간 유형의 교체

여러분, '꿩 대신 매'라는 말이 있습니다. 오늘 사실은 훌륭한 분이 오셔서 강연을 해주시기로 하셨는데 그분이 펑크를 내셨어요. 그래서 꿩 대신 매로, 꿩 대신 닭으로 내가 급히 조달돼서 왔습니다. 내가 광주에서 5·18 기념 국제심포지움에서 기조강연을 하고 많은 참가자들과 이야기하느라 별로 잠을 못 잤어요. 그리고 아침에 서울로 왔는데 학교에 와서 하루 종일 조금도 쉴 틈이 없었습니다. 피곤한 상태로 여기에 왔습니다만, 여러분에게 꼭 하고 싶은 얘기가 있습니다.

여러분이 알다시피 내가 작년에 큰 병을 얻었는데 아직 완전히 회복을 못했습니다. 조금 뒤에 작년에 아주 안 좋은 상태로

TV에 나온 것을 여러분이 볼겁니다만, 지금 21세기가 열리고 있습니다. 16, 17, 18, 19, 20세기를 지나서 지금 바야흐로 21세기의 문턱에 서 있습니다.

16세기라면, 콜럼버스가 활동하고 지리상의 재발견이 이루어지고 전 세계에 중상주의 시대가 펼쳐진, 시대입니다. 16세기를 연 인간상은 돈키호테적 인간상입니다. 여러분, 돈키호테 알죠? 모험을 즐기고 비합리적이지만, 미지의 세계에 용감하게 뛰어드는 돈키호테적 인간상이 16세기를 열었습니다.

17세기를 개척한 사람들은 어떤 인간상일까요? 로빈슨 크루소적인 인간상이라고 얘기합니다. 유명한 고전 가운데 《로빈슨 크루소》가 있습니다만, 외딴 섬에 홀로 떨어진 로빈슨 크루소가 혼자 그 섬에서 어떻게 살아가는가. 그리고 자기와 같은 한 사람을 만나서 어떤 관계를 맺는가. 외딴 섬에 홀로 떨어진 로빈슨 크루소는 과거 봉건시대의 공동체로부터 벗어난 개인 제1호입니다. 개인주의적 인간상 제1호입니다. 공동체 속에서 함께 살던 인간이 봉건사회의 붕괴와 더불어 공동체가 무너지니까 공동체를 벗어난 개인이 탄생하는 것이죠. 마치 외딴 섬에 홀로 떨어진 로빈슨 크루소 같은 개인이 독자적인 삶을 살아갑니다. 그것은 근대주의적 개인은, 근대사회를 연 개인은 마치 로빈슨 크루소와 같다고 할 수 있습니다. 그리고 로빈슨 크루소는 다른 로빈슨 크루소 같은 사람을 만나서 계약을 맺습니다. "너와 나는 이런이런 관계를 맺자"하고 서로 계약을 맺습니다. 계약사회, 서로 약속을 지키는 합리적인 사회, 그런 근대사회가 열립니다. 오늘날 영국을 근대 영국으로 발전시킨 것은 로빈슨 크루소적인 인간상이었던 것입니다.

왜 흥부인가

그런데 19세기는 어떤 인간상이 19세기를 열었을까요? 19세기는 미국의 시대입니다. 미국의 시대를 연 것은 카우보이적 인간상입니다. 카우보이는 미지의 외부 세계를 향해서 개척하고 뛰어드는 점에서는 돈키호테와 비슷합니다만, 로빈슨과 마찬가지로 개인주의적이고 합리적인 점에서는 돈키호테와 다릅니다. 합리적이고 개인주의적인, 그러면서도 외부 세계를 향해서 개척적인 카우보이적 인간상이 19세기 미국의 시대를 열어 나갑니다. 20세기 또한 미국의 시대입니다. 20세기도 카우보이적 인간상이 세계를 열었습니다.

그런데 21세기는 어떠한 인간상이 세계를 열 것인가? 어떤 형의 사람들이 새로운 21세기 시대를 개척할 것인가? 그 얘기를 바로 지금 내가 여러분에게 하고 싶은 겁니다. 21세기의 세계는 어떠한 인간상을 기다리고 있는가? 반대로 어떠한 인간상이 21세기를 열어야 하는가?

결론부터 얘기하자면, 나는 흥부적 인간상이 21세기를 열어야 한다, 21세기의 주인공은 흥부다, 이렇게 생각을 합니다. 한국 사람의 맘속에 가장 가까운 사람이 누구냐고 하면 아마 흥부를 들 수 있을 것입니다. 18세기 조선 후기에 우리나라의 민중들이, 농민들이 발견한 하나의 이상적인 인간상이 흥부입니다. 전라북도 남원군을 배경으로 해서 남원에서 흥부상이 발굴되고 소개됐습니다. 남원은 그 무렵에 《춘향전》이 나오고 또한 《흥부전》이 나왔어요. 그냥 말로 하면 지루하니까 노래로, 판소리로 춘향가를 부르고 흥부가를 부르고 그렇게 한국의 서민 사이에 널리 유행했던 인간상이 흥부입니다. 19세기의 한국의 서민들이 발굴한 인간상이 흥부이고 그것이 오늘날 21세기의 가장 바람직한 인간상이다, 이렇게 생각을 합니다.

내가 사실은 과거의 1970년대에 '흥부 죽이기'에 앞장 선 사람입니다. 흥부는 부잣집 아들로 태어나서 어떻게 자기가 물려받아야 할, 자기가 지켜야 할 재산도 지키지 못하고 자기 형님 놀부한테 뺏기고 바보같이, 흥부가 나중에 부자가 됩니다만, 제비한테 어떻게 잘 보여 가지고 얻은 박씨를 심었다가 거기서 열린 박 속에서 금은보화가 쏟아져 가지고 그렇게 부자가 됐어요. 굉장히 비합리적이고 신비적인 이런 흥부 설화를 한국의 신세대 젊은이들에게 가르칠 필요가 무엇 있느냐? 가르칠 필요가 없지 않느냐? 《흥부전》을 교과서에서 빼버리자. 이런 운동에 앞장섰던 사람입니다. 흥부보다는 놀부가 훨씬 좋지 않으냐? 더 다이나믹하고, 그래서 부자가 되고. 1970년대 아마 여러분이 태어나기 전일 겁니다만, 내가 흥부 죽이기, 놀부 살리기에 제일 앞장섰습니다.

호응이 참 좋았어요. 1970년대에 우리나라에서 근대화 붐이 일어날 때입니다. 근대화 운동이 한창일 때 놀부 부흥이 일어났습니다. 흥부는 안 되고 놀부적인 인간상이 바람직한 인간상이다, 놀부처럼 그렇게 돈도 벌고 다이나믹하게 자본축적을 하면서 살아야 한다는 것을 강조했고 많은 호응을 얻었습니다. 그러다가 내가 1990년대부터는 반대로 그렇지 않다. 역시 놀부보다는 흥부가 중요하다는 생각을 하기 시작했습니다.

흥부적 인간상으로 돌아가야 한다, 하는 말을 해왔고 그래서 내가 해마다 흥부기행이라는 것을 합니다. 서울에서 한 70~80명 정도 갑니다. 유명한 기업인들, 우리 학교 문국현 이사장님을 비롯해서 유명한 시인 고은 선생, 박원순 선생, 지난 번에 여기서 강연했던 최열 선생, 그런 분을 비롯한 한 70~80여명이 매년 흥부기행을 갑니다. 그러면서 각 지방에 살고 있는 흥부처럼 착하게 살면서도 흥부처럼 대박을 터트리는 훌륭한 사람들을 찾아서 현장을 가보고 그 사람들을 격려하고, 그리고 또 그런 오늘날의 흥부상을 어떻게 전파할 것인가를 토론하는 운동을 매년 합니다. 금년에도 얼마 전에 한 80명이 호남 지방에 가서 우리 시대의 흥부들, 신세대 흥부들을 찾아서 많은 곳을 방문하고 돌아온 적이 있습니다. 내가 '흥부가 놀부보다도 훨씬 더 바람직한 인간상이 아니냐? 역시 흥부가 아니냐?' 라는 생각을 하게 된 것은 하나의 엉뚱한 계기가 있습니다. 물론 근대주의에 대한 반성이 본질적이지요. 놀부 자본주의를 극복하고 흥부 자본주의를 지향하는 것이 근본이지요.

내가 어떤 대학에 강연 초청을 받았습니다. 강연하러 차를 타고 열심히 가는데 차가 너무 막혔습니다. 결국 거의 15분이나 늦게 도착했습니다. 강연자가 늦게 도착하니 얼마나 당황을 했겠습니까? 미안하기도 하고요. 서둘러 강연을 시작하면서 고려 말 최영 장군의 유명한 말이죠. 청중들에게 "황금을 보기를 돌같이 하라"라고 말하려고 했는데 엉겁결에 "돌 보기를 황금같이 하라"고 해버렸던 모양입니다.

그런데 갑자기 학생들의 폭소가 한꺼번에 벌어졌어요. 폭소 소리를 듣고 나는 '아, 내가 말을 실수했구나' 하는 것을 알아차렸습니다만, 알아차리면서 동시에 '그렇지 않다' 이 말이 참 좋은 말이라는 것을 깨달았습니다. 정말 돌 보기를 황금같이 하는 정신이 필요합니다. 여러분 차돌멩이에서 반도체가 나오지 않습니까? 그야말로 돌 보기를 황금같이 하는 것입니다. 여러분 가을이 되면 은행잎이 지천으로 떨어집니다만, 은행잎이 떨어지면 버리지요. 그런데 그 은행잎에서 징코민이 나옵니다. 성인병에 지극히 좋다고 하는 징코민이 생산됩니다. 우리나라에서는 그것을 만드는 법을 모르니까 한국의 은행잎을 스웨덴의 제약회사가 싸구려로 사가지고 징코민을 만들어서 한국에 비싸게 팝니다. 우리가 은행잎이 곧 황금과 같은 가치가 있다는 것을 우리가 미쳐 못 알아냈던 거죠. 그것을 알고 나서 한국에서는 스웨덴에 팔지 않고 그 기술을 배워서 우리가 징코민을 만들어 스웨덴에 팝니다. 은행잎을 팔면 싸구려입니다만, 그것을 약품을 만들면 비싸게 팔수가 있습니다. 부가가치가 아주 높은 것이죠. 은행잎 보기를 황금같이 하는 겁니다.

돌 보기를 황금같이 해야만, 그런 창조정신을 가져야만 큰일을 할 수 있습니다. 이 대학을 만드신 유일한 선생은 돌 보기를 황금같이 한 분입니다. 언젠가 내가 '쓰레기 보기를 황금같이 하라'라는 글을 쓴 적이 있습니다만, 오늘날은 쓰레기에서 황금을 찾는 시대입니다. 쓰레기를 리사이클해서 거기에서 에너지를 얻고, 새로운 자원을 얻고, 그리고 새로운 비료를 얻는 시대입니다. 폐타이어 쓰레기에서 에탄올을 뽑아요. 쓰레기 보기를 황금같이 하는 것이죠. 그런데 '쓰레기 보기를 황금같이 하고 돌 보기를 황금같이 하라' 보다 흥부전처럼 박에서 황금이 쏟아진다, 박 보기를 황금같이 하라, 그게 훨씬 멋지지 않습니까?

지금부터 한 3~4년 전에 일본의 다나카라는 젊은 과학자가, 조그마한 기업체에서 근무하는 연구원입니다만, 자기 회사 실험실에서 무엇을 연구를 하다가 큰 과학적 발견을 해서 마침내 노벨 화학상을 받았습니다. 세상이 깜짝 놀랐죠. 박사도 아니고 교수도 아닌 사람이 노벨 화학상을 받았습니다. 그런데 그 젊은이가 노벨상을 받고 뭐라고 했느냐면 "조롱박에서 황소가 튀어나오더라" 자기가 별거 아닌 것을 가지고 연구를 했는데 알고 보니 엄청난 것이더라, 뒷방에서 황금이 쏟아진 겁니다. 《흥부전》이 바로 그거 아닙니까? 흥부의 박에서 그야말로 금은보화가 쏟아지는 것이 《흥부전》의 이야기가 아닙니까? 돌 보기를 황금같이 하는, 박 보기를 황금같이 하는 것이 《흥부전》입니다.

내가 얼마 전에 서울의 어느 길을 가다 보니까 길거리에 눈에 띄는 다방이 있었어요. 그런데 다방 이름이 '제비가 박씨 물고 오는 집.' 이런 다방입니다. 참 이름 좋지 않습니까? '제비가 박씨 물고 오는 집.' 누가 제비입니까? 그 커피숍에 오는 모든 손님은 제비입니다. 그리고 그 제비를 지극 정성으로 모시면 그 집에 또 옵니다. 친구들 데리고 또 옵니다. 또 오고 또 오고 친구도 데려오고 가족도 데리고 오고 그래서 많은 사람을 몰고 오면 그것이 '제비가 박씨 물고 오는 것'이죠.

여러분 옆에 있는 사람이 누구입니까? 전부 박씨 물고 오는 제비입니다. 여러분 바로 옆에 앉아있는 사람이 박씨 물고 오는 제비입니다. 여러분에게 행운을 가져올, 가져다 줄 사람이 멀리 어디에 있다고 생각하지 마십시오. 여러분에게 박씨를 물고 올 사람은 바로 여러분 옆에 있는 사람입니다. 모든 제비는 박씨를 물고 올 수 있는 가능성이 있습니다. 옆에 있는 사람 절대 아닌 거 같죠? 지금 여러분의 옆에, 여러분의 앞에 앉아있는 사람은 전부가 다 여러분에게 박씨를 물고 올 수 있는 능력을 가진, 가능성을 가진 존재입니다. 여러분에게 행운을 가져다 줄 사람을 여러분 옆에 있는 사람말고 다른 곳에서 찾지 마십시오.

내가 작년에 흥부기행을 가면서 내 옆에 앉은 어떤 나이 많은 사람을 별 볼일이 없을 것 같다, 이 사람이 나에게 박씨를 물고 와 줄 수 있는 제비가 되지는 않을 것 같다, 하고 생각해버렸어요. 모든 사람들을 내가 안내하고 설명해야 하니까 바쁘기도 하고 그래서 별로 신경을 안 썼습니다. 그 자리를 벗어나 다른 사람 옆에 앉았습니다. 그런데 난리가 났습니다. 나 대신에 앉은 사람이 거기 앉아있는 노인께 아주 중요한 건강의 비결을 배웠습니다. 그리고 여행을 하면서 그 사람의 건강법을 모든 사람들이 터득하게끔 만들었습니다. 그 사람이 엄청난 박씨를 물고 올 수 있는 능력이 있다는 것을 내가 보지 못한 거죠. 모든 사람을 여러분 우습게보지 마십시오. 모든 사람은 박씨를 물고 올 수 있는 능력이 있습니다. 별거 아닌 것 같아도 다 있습니다. 그리고 모든 박씨는 '흥부 대박'을 터트릴 수 있는 가능성이 있습니다.

여러분, 뉴질랜드에 가면 굉장히 높은 벼랑이 참 많습니다. 저 벼랑 저거 뭐하느냐? 떨어지면 아주 한 100미터나 50미터 되는 벼랑이 참 많습니다. '참 험하구나. 아무짝에도 소용없겠구나.' 이렇게 생각하면 번지 점프가 안 나옵니다. 뉴질랜드 사람들이 아무짝에 소용없게 보이는 그 벼랑을 보고 저기에서 뭔가 대박이 안 나오는 그것을 가지고 고안해 낸 것이 번지 점프였습니다. 그러니까 벼랑에서 대박이 터지는 거죠. 아무짝에도 소용없다고 버리는 바로 그 곳에서 대박이 터집니다.

내가 유한대학에 와가지고 얼마 안 되서 유한대학 학생들하고 대화하는 도중에 어느 학생에게 "봉황의 뜻을 어찌 참새가 알겠느냐? 높은 하늘을 나는 봉황의 그 큰 뜻을, 높은 뜻을 이 평범한 참새들이 어떻게 알겠느냐?" 이렇게 말하니까 그 학생이 농담조로 "봉황도 참새의 뜻을 몰라요."라고 했어요. 내가 그 학생한테 참 좋은 걸 배웠습니다. 봉황도 참새의 뜻을 몰라요. 이게 평범한 시민의 지혜를 알아가는 것, 그것이 21세기를 열어나가는 키워드입니다.

거기서 대박이 터집니다. 한 사람의 천재나 봉황 같은 것보다 대중의 슬기[智], 시민의 지혜를 끌어모으는 것, 이것이 지극히 중요합니다. 그것이 혁신의 키 포인트입니다. 나는 유한대학의 한 학생으로부터 21세기의 키워드를 배웠습니다.

여러분 바닷가에 가면 게가 얼마나 많습니까? 열 발로 기어다니는 게가 말이죠. 그 흔해빠지고 귀찮고 그래서 버리고 묻어버리고 하는 그 게 껍질에서 키토산이 나옵니다. 키토산은 지금 얼마나 값 비싼 신소재입니까? 우리가 모를 뿐이지 우리 옆에 있는 거, 우리 앞에 있는 거, 우리가 늘 보는 거, 그 속에 무한한 가능성이 숨어 있어요. 내 옆에 있는 친구한테 무한한 가능성이 숨어 있습니다. 중요한 것은 내가 나 자신을 똑똑하다고 생각하는 것이 아니고 옆에 있는 친구들의 위대성을, 잠재성을, 숨어있는 보

배를 인정을 하고 그것을 서로 북돋아주는 것입니다.

우리가 작년에 흥부기행을 갈 때 구례에 있는 어떤 분을 찾아 갔는데 그분은 지리산에 있는 야생초의 향기가 하도 좋아서 그 향기를 가지고 향수를 개발했습니다. 그 향수를 프랑스에서 개최 되는 세계향수대회에 출품을 했습니다. 그래서 그랑프리를 받았 습니다. 세계 최고 향수라는 평을 받았습니다. 그 향수를 그것을 조그맣게 만들어가지고 온 사람들에게 선물로 주었습니다. 나도 그것을 많이 받아서 만나는 많은 사람에게 선물로 주었습니다. 그것을 보고 어느 기업체에서 물건을 팔 때마다 그 향수를 하나 씩 줍니다. 그래서 그 기업체가 물건을 잘 팔았다고 합니다. 아무 튼 지리산 야생화에서 세계에서 제일 좋은 향수가 개발되었다. 우습게 볼 게 어디 있습니까? 이 세상에 우습게 볼 것은 아무 것 도 없습니다. '뻔하다'라는데 뻔하지 않습니다. 우리가 모를 뿐입 니다. 여러분 주변에 있는 거, 뻔한 거 속에 있는 뻔하지 않는 무 한한 가능성을 그것을 개발하는 것이 그것이 혁신입니다. 《흥부 전》은 그런 것을 잘 설명해줍니다.

《흥부전》의 현대적인 재해석을 작년에 광주TV KBS가 2부작 으로 특집 방송을 해서 그것이 작년에 홍익부분 TV대상을 받았 습니다. 전국에 방영이 됐는데 서울에만 방영이 안 됐습니다. 그 것을 여러분이 보고 진행하도록 하겠습니다.

흥부 대박을 혁신의 논리로 설명할 수 없을까

사실 《흥부전》에는 박에서 쌀이나 비단 또는 금이 나오는 걸

과만 나오지 그 과정에 대한 설명이 없습니다. 과정의 이노베이션을 상정하는 부분이 비어 있고, 그 빈 부분이 신비적으로 채워지도록 한 것입니다. 그러나 《흥부전》의 여러 이본 가운데는 이노베이션을 엿보게 하는 부분도 없지 않습니다. 《춘향전》이 지배층에 대한 신분적, 계급적 저항을 형상화한 데 견주어 《흥부전》은 농민층 분해과정에서 놀부라는 지주적 부농의 형성으로 토지소유에서 배제된 흥부와 같은 서민들이 비지주적 방법으로 부를 축적하는 과정을 희망적으로 드라마틱하게 형상화한 것입니다.

어떠한 경우에도 '마음을 옳게 먹고,' 놀부와 같은 지주에 의존도 포기하고, 온갖 품팔이 노동으로 살 길을 찾아보기도 하다가 결국은 제비를 등장시킨 전혀 엉뚱한 과정으로 새로운 부를 이루게 됩니다. 제비의 등장에서 박의 기적이 일어나는 과정을 주의 깊게 살펴보면 상공업적 부농, 경영적 부농의 행태를 엿볼 수 있고, 그것도 국제적 시야나 국제적 범위를 갖고 있음을 엿볼 수 있습니다. 우선 제비가 등장하기 전에 흥부 내외는 '역곡주인(易穀主人) 역인지기', '각읍주인(各邑主人) 삯질 가기' '발질싣기' 등의 상업적 부분에서 학습 과정을 거쳤습니다. 그뒤 다리 부러진 제비 새끼를 치료하는 데 당장 등장하는 것이 '오색당사(五色唐絲)' 실입니다. 치료를 받은 제비는 바다 건너 강남으로 날아가고, 강남에서 받은 박씨를 물고 중국 천지를 돌고나서 황해를 건너 다시 조선 천지를 돌아 온갖 물산의 정보를 갖고 남원 땅 흥부 집으로 돌아옵니다. 그리고 나중에 박을 타보니 박에서 나온 물품이, 경판본(京板本)의 경우에는 진귀한 한약재, 비단, 한산모시, 그릇 등의 수공업 제품, 일본, 중국의 각종 유기제품 등입니다. 또 "울 안에 벌통 놓고, 울 밖에 원두 놓고" 등 온갖 비지대(地代)적 경영의 흔적이 나타나고 있으며, 박에서 나온 물품은 금방 화폐가치로 계산되고 상품으로 상정됩니다. 이것은 모두 흥부의 부가 지주적 부가 아니라 전혀 새로운 형태의 부, 곧 경영적 부이며, 국제무역적 연계를 가진 부인 것을 알 수 있습니다. 새로운 부 창출의 가능성이 박에서 기적이 나오는 것으로 재미있게 형상화되고 있는 것입니다.

이 과정에서 흥부는 타력 의존적이라기보다는 오히려 철저하게 창조적이고 혁신적인 자세를 보여줍니다. 놀부적인 지주자본에의 의존도 철저하게 포기하고, 온몸을 던져 노동하고 노동 자체로 먹고살 수 없는 상황에서도 끝까지 착한 마음과 밝은 희망을 갖고 상공업과 공예, 작물 경영 등의 새로운 방법으로 비지주적 부를 창출해냅니다. 박에서 기적이 일어났지만 그것은 결과일 뿐이며 처음부터 박에서 기적이 일어나기를 기대한 것은 결코 아니었습니다.

그럼에도 박의 기적으로 표현된 혁신의 과정 논리가 아직은 한계가 있는 것이 사실입니다. 이 한계는 오히려 기회로 역이용할 수 있습니다. 《흥부전》은 시대와 장소에 따라, 또 판소리 부르는 소리꾼에 따라 조금씩 내용이 달라져 많은 이본이 있음을 생각하면 오늘날의 문제의식을 가미한 이본이 하나 추가된들 이상할 것 없을 성 싶습니다. 흥부는 모든 한국인의 가슴에 살아 있는 영원한 인간상이지만, 그 흥부상은 재해석하고 이본을 추가하는 형태로 끝없이 재생하고 성장시킬 수 있는 것이 아닐까요.

말하자면 당시의 놀부적인 지주형 부농과 그것을 뛰어넘는 흥부적인 비지주형 부농의 비전을 오늘날 한국 경제의 지대추구형 부, 또는 남의 소득을 이전 받아 이룩되는 제로섬 게임적 부의 축적 형태를 뛰어넘는 기술혁신형 부 또는 포지티브섬 게임의 비전으로 연결시켜 그러한 비전으로 본 《흥부전》의 재해석과 그 재해석을 더욱 선명하게 반영한 이본의 구성이 요구되고 있는 것이 아닐까요? 그러한 흥부상의 재발견과 재구성으로 우리 시대의 정치·경제사적 과제, 곧 지대추구형 부를 혁신추구형 부로, 차용형 경제를 창조형 경제로, 요소투입형 성장을 부가가치 증가형 성장으로 전환하는 일을 성취해 보자는 것입니다. 한국 경제의 선진화는 악명 높은 놀부형 인간상이 아니라 흥부형 인간상에 의해 실현될 수 있는 것입니다.

21세기와 흥부적 인간 유형

우리는 앞에서 돈키호테적 인간상, 로빈슨 크루소적 인간상, 카우보이적 인간상에 이어 흥부적인 인간상을 제시했습니다. 이 문제는 세계문화사적 시야에서 접근해야 할 것이지만, 우리가 흥부를 새로운 인간 유형의 대안으로 주목하는 이유는 다음과 같습니다.

첫째는, 돌 보기를 황금같이 하는 창조적 혁신의 인간 유형이라는 점입니다. 모든 것을 다 뺏기고 최저변으로 떨어진 흥부가 인간적 선의를 지키면서 자기의존적 노력을 계속하다가 당시의 서민 사회에서 가장 친근한 박에서 무한한 가능성을 창출해내는 과정은 어떠한 최악의 상황에서도, 어떠한 평범한 소재로부터도 엄청난 새로운 가능성을 만들어낼 수 있다는 희망의 모델이 아닐 수 없습니다. 사실 오늘날 정보, 기술혁명 아래 세계는 작은 아이디어에서 엄청난 기회를 잡는 벤처 비즈니스의 세계입니다. 이 점은 앞에서 이야기했으므로 여기에서는 되풀이하지 않겠습니다.

둘째로, 흥부는 '돌 보기를 황금같이 하는' 혁신적 인간상이면서 다시 '황금을 보기를 돌같이 하는' 무소유형 인간상입니다. 흥부는 부모로부터 상속적 부를 함께 물려받았으나 유산상속에 전혀 관심을 두지 않았습니다. 《흥부전》의 표현처럼 "춘하추동 사시절에 남의 일만 모두 다 하는 고로 제 벌이를 할 수 없네!" 또는 "마음 인후하여 청산유수와 곤륜옥결이라 … 물욕에 탐이 없고 주색에 무심하니, 마음이 이러하매 부귀를 바랄쏘냐"였습니다. 부자가 된 뒤에 가장 먼저 "불쌍하고 가련한 사람들아, 흥부 집으로 들어오는 나도 오늘부터 기민(饑民)을 헐란다."라고 선언하고 아울러 놀부를 초청하여 재산을 나누어 가질 뿐 아니라 자신이 부를 축적한 노하우도 모두 가르쳐줍니다. 그는 가난의 밑바닥에서도 밝은 인간성을 잃지 않았지만, 부의 정점에서도 따뜻한 인간성에 때 묻히지 않았습니다. 무소유는 가난해서 가지려야 가질 것도 없는 것을 포함하지만, 부자가 되어도 소유에 집착하지 않는 것도 포함합니다. 이것은 청부(淸富)의 정신이기도 합니다. 21세기 세계 자본주의는 이러한 흥부적 인간상에 따라 주도되어야 구제할 수 있을 것입니다.

셋째로, 흥부는 일종의 환경인의 상이기도 합니다. 오늘날 환경사상의 궁극적인 도달점의 하나는 동물과 식물의 생존권을 인정하는 광역인권 개념입니다. "짐승 살해를 아니 하니 미륵의 벗이로다"라는 흥부는 제비를 먹으려는 구렁이를 보고 "무정타 저 대맹아 너 먹을 것 많았구나 어이타 내 집에 와서 제비 새끼를 먹느냐"라고 꾸짖되 죽이지는 않습니다. 다리 부러진 제비 새끼를 돌봐주는 정성 하며 박씨 심어 박을 키우는 정성 또한 가족사랑의 경지입니다. 그는 제비며 박과 인격적 교류를 하는 환경인의 한 경지를 보여주고 있는 것입니다. 그는 기술적 효율을 추구하되 자연을 지배하는 것이 아니라 자연과 함께 하는 자연의 한 구성원으로 구실하고 있는 것입니다. 새로운 《흥부전》은 이러한 환경인적 모델을 더욱 완벽하게 보여주는 내용이 되어야 할 것입니다.

넷째, 흥부상은 정보인 모델의 단초를 보여주고 있습니다. 지역사회의 이곳저곳의 밑바닥을 떠돌며 안 해본 일이 없을 정도인지라 지역사회 정보에 가장 밝은 입장이었지만, 다시 제비를 통하여 동남아와 중국 대륙 그리고 황해연안과 조선 천지의 정보를 시야에 넣고 있습니다. 박씨는 국내는 물론 동아시아의 정보를 다 파악한 반도체인 셈입니다. 따라서 박에서 나온 물품은 한국의 각종 물품은 물론 중국과 일본의 제품도 포함되고 있으며 그 제품 가격은 금방 시장 가격으로 환산될 정도입니다.

마지막 다섯째로 흥부는 각종 이질적인 요소와 대립적인 관계를 껴안고 화해시키는 화해형 인간 유형을 보여주고 있습니다. 흥부는 제비도 끌어안고 뱀도 끌어안고 박도 끌어안고 모든 이질적인 요소를 끌어안고 결합시키면서 혁신을 연출했지만, 다시 가난한 사람도 포용하고 자신으로부터 모든 것을 빼앗아간 놀부형 인간도 포용하고 그리고 모든 것을 나누어줍니다. 그는 남의 부를 이전 받아 자신의 부를 늘리는 제로섬 게임의 승자가 아니라 새로운 부를 창출하는 포지티브섬 게임의 승자이며, 그러한 포지티브섬의 결과를 공동체의 구성원과 함께 나누어 가지면서 화해의 공동체를 이룩해 나갑니다.

한국은 동북아의 틀 속에서 경합하고 있는 4강을 끌어안고 화해시키면서 동북아의 평화와 협력을 발전시켜 나가야 한다는 점에서 흥부적 화해상은 매우 시사적입니다. 아울러 국내의 노사간, 지역간의 모순을, 그리고 북한 동포의 굶주림을 흥부적 정신으로 끌어안아야 합니다. 한국이 넘어야 할 아리랑 고개는 아직도 많고 그것을 넘기 위해서는 "나를 버리고 가시는 님은 십리도 못 가서 발병난다"라는 '함께 사는 정신'이 중요합니다. 그런 점에서 선진화도, 통일도, 동북아 4강의 평화 협력의 증진도 함께 사는 흥부적인 정신이 절실히 요청되는 것입니다.

한국인이 창출한 가장 평범한, 가장 비범한 흥부상의 현대적 재현이야말로 바로 위기에 빠진 한국의 사회·경제적, 국제적 한계를 극복하는 길이며, 21세기 세계사의 문명적 전환의 대안 모델이 될 수 있을 것입니다.

남원의 흥부축제를 국민축제로, 나아가 세계인의 축제로 승화하면서 새로운 흥부가 판소리와 함께 우리 모두 스스로 흥부적 인간상을 닮아 가봅시다.